ग्रेटर नोएडा एवं दादरी का बृहद् इतिहास: अतीत, संघर्ष और वर्तमान

पौराणिक काल से 1857 के महासमर और आधुनिक विकास की प्रेरक गाथा

विश्वजीत पाठक

Made with ♥ on the Notion Press Platform
www.notionpress.com

मेरे पूज्य पिताजी

श्री रामेन्द्र कुमार पाठक

को सादर समर्पित,

जिन्होंने बाल्यकाल से ही मेरे हाथों में पुस्तकें थमाकर ज्ञानार्जन की जो लौ प्रज्वलित की, उसी के प्रकाश में यह तुच्छ प्रयास संभव हो सका है।

तथा

राष्ट्र सेवा में अपना जीवन समर्पित करने वाले

राष्ट्रीय स्वयंसेवक संघ के उन सभी त्यागमयी, तपस्वी प्रचारकों को,

जो भारतमाता के वैभव और परमवैभव के लिए अहर्निश, निःस्वार्थ भाव से कार्य करते हुए हम सभी के लिए प्रेरणा के अक्षय स्रोत हैं।

क्रम-सूची

प्रस्तावना

लेखक की कलम से

भारतवर्ष की पुण्यभूमि का कण-कण अपने भीतर एक गौरवशाली अतीत, संघर्षमयी यात्रा और एक जीवंत सांस्कृतिक चेतना को समेटे हुए है। इसी विशाल भारत के हृदय में स्थित, राष्ट्रीय राजधानी क्षेत्र का महत्वपूर्ण अंग, ग्रेटर नोएडा और उससे अभिन्न रूप से जुड़ा ऐतिहासिक नगर दादरी, अपनी एक विशिष्ट पहचान रखता है। आज जहाँ ग्रेटर नोएडा अपनी आधुनिक संरचना, विश्वस्तरीय सुविधाओं और विकास की नई परिभाषाएँ गढ़ रहा है, वहीं इसी भूमि की परतें अपने भीतर राव उमराव सिंह भाटी जैसे अमर बलिदानियों के शौर्य, प्राचीन सभ्यताओं के पदचिन्हों और एक समृद्ध लोक-परंपरा की अमिट सुगंध को सँजोए हुए हैं।

इस पुस्तक को लिखने का विचार मेरे मन में कोई आकस्मिक घटना नहीं, बल्कि एक स्वयंसेवक के रूप में बचपन से प्राप्त संस्कारों, अपनी कर्मभूमि के प्रति स्वाभाविक जिज्ञासा और एक गहन आंतरिक प्रेरणा का प्रतिफल है। मेरा जन्म बिहार की पावन धरती पर हुआ, जहाँ की मिट्टी में इतिहास और संस्कृति की गहरी जड़ें हैं। किन्तु विगत आठ वर्षों से ग्रेटर नोएडा ही मेरी कर्मभूमि है, मेरा निवास स्थान है। यहाँ रहते हुए, इस नवविकसित होते आधुनिक नगर की भव्यता को देखते हुए, मेरे मन में यह प्रश्न बार-बार उठता था – इस कंक्रीट के आवरण के नीचे, इस सुनियोजित विकास की नींव में, इस क्षेत्र का अपना अतीत क्या है? क्या यहाँ की भी कोई अपनी कहानी है, अपने नायक हैं, अपनी विरासत है?

एक स्वयंसेवक होने के नाते, बचपन से ही संघ की शाखाओं में हमें अपने देश के गौरवशाली इतिहास, अपनी संस्कृति के प्रति निष्ठा और अपने पूर्वजों के बलिदानों से प्रेरणा लेने की शिक्षा मिली है। पूजनीय डॉ. हेडगेवार जी ने हमें सिखाया कि राष्ट्र केवल भू-भाग का नाम नहीं, बल्कि यह एक जीवंत सांस्कृतिक इकाई है, और इसके प्रत्येक अंग का अपना एक महत्व है। इसी दृष्टि ने मुझे अपनी कर्मभूमि ग्रेटर नोएडा और उसके ऐतिहासिक आधार-स्तंभ दादरी के विषय में और अधिक जानने के लिए प्रेरित किया।

इस जिज्ञासा को वास्तविक प्रेरणा और दिशा मिली हमारे श्रद्धेय नगर प्रचारक, श्री प्रमोद जी से। उनके साथ विभिन्न विषयों पर चर्चा के दौरान जब मैंने इस क्षेत्र के इतिहास को जानने की अपनी उत्कंठा व्यक्त की, तो उन्होंने न केवल

मेरा उत्साहवर्धन किया, बल्कि इस विषय पर गहन शोध कर एक पुस्तक के रूप में इसे समाज के समक्ष प्रस्तुत करने का भी आग्रह किया। उनका यह मानना था कि जब तक हम अपने स्थानीय इतिहास, अपने स्थानीय नायकों और अपनी स्थानीय सांस्कृतिक जड़ों को नहीं पहचानेंगे, तब तक हम वृहद् राष्ट्रीय गौरव को भी पूर्ण रूप से आत्मसात नहीं कर पाएँगे। उनका यह वाक्य मेरे लिए पथ-प्रदर्शक बन गया – "अपने आसपास के इतिहास को जानो, तभी राष्ट्र के विराट स्वरूप को समझ पाओगे।"

बस, यहीं से इस पुस्तक की यात्रा का आरंभ हुआ। यह कार्य सरल नहीं था। बिखरे हुए ऐतिहासिक सूत्र, लोकश्रुतियों में छिपे तथ्य, अभिलेखों की धूल और विभिन्न विद्वानों के मतों के बीच से एक सुसंगत और प्रामाणिक वृत्तांत प्रस्तुत करना एक चुनौतीपूर्ण कार्य था, किन्तु एक स्वयंसेवक का संकल्प मेरी ऊर्जा का स्रोत बना रहा।

इस कृति के माध्यम से मेरा प्रयास रहा है कि मैं ग्रेटर नोएडा और दादरी क्षेत्र की प्राचीन धरोहर, मध्ययुगीन संघर्षों, 1857 के स्वातंत्र्य समर में यहाँ के वीरों के अप्रतिम बलिदान, ब्रिटिश पराधीनता के काल में राष्ट्रीय चेतना के जागरण, स्वतंत्रता संग्राम में स्थानीय योगदान और अंततः स्वतंत्र भारत में ग्रेटर नोएडा के एक आधुनिक नगर के रूप में उदय की सम्पूर्ण गाथा को एक सूत्र में पिरो सकूँ। मैंने यह भी प्रयास किया है कि यह पुस्तक केवल ऐतिहासिक तथ्यों का नीरस संकलन मात्र न बनकर, उन भावनाओं, उन आदर्शों और उन संघर्षों को भी अपने में समेटे, जिन्होंने इस क्षेत्र के चरित्र का निर्माण किया है।

पुस्तक की भाषा को सरल, सुबोध और प्रवाहपूर्ण रखने का प्रयास किया गया है, ताकि सामान्य पाठक भी इसे सहजता से आत्मसात कर सकें और अपने क्षेत्र के गौरव से परिचित हो सकें। पुस्तक का कलेवर विस्तृत है, और यह सुनिश्चित करने का प्रयास किया गया है कि कोई भी महत्वपूर्ण पहलू अछूता न रह जाए, जिसके परिणामस्वरूप यह कृति 150 पृष्ठों की निर्धारित सीमा से आगे बढ़ी है।

मुझे पूर्ण विश्वास है कि यह पुस्तक न केवल ग्रेटर नोएडा और दादरी के निवासियों के लिए, बल्कि इतिहास में रुचि रखने वाले प्रत्येक व्यक्ति, और विशेष रूप से राष्ट्रीय स्वयंसेवक संघ की विचार परंपरा से जुड़े उन सभी बंधुओं के लिए उपयोगी सिद्ध होगी जो भारत के वास्तविक इतिहास, उसकी सांस्कृतिक धरोहर और उसके स्थानीय नायकों के शौर्य को समझने के आकांक्षी हैं। यदि यह पुस्तक पाठकों के मन में अपने क्षेत्र, अपने देश और अपनी संस्कृति के प्रति गौरव का भाव जागृत करने में किंचित भी सफल होती है, और उन्हें राष्ट्र सेवा की प्रेरणा देती है,

तो मैं अपने इस श्रम को सार्थक समझूँगा।

आपके सुझाव एवं प्रतिक्रियाएँ मेरे लिए सदैव मार्गदर्शक रहेंगी, क्योंकि यह ज्ञान यज्ञ निरंतर चलने वाली प्रक्रिया है।

विनीत,

विश्वजीत पाठक

1

अध्याय 1: प्राचीन धरोहर - पौराणिक काल से गुप्त साम्राज्य तक

भारतवर्ष की पुण्यभूमि का कण-कण अपने भीतर एक गौरवशाली अतीत और एक ऐसी जीवंत सभ्यता की अनगिनत कहानियों को संजोए हुए है, जिसकी जड़ें काल के सुदूर, अज्ञात गर्भ में गहराई तक समाई हुई हैं। यह वह भूमि है जिसने विश्व को ज्ञान, आध्यात्मिकता और सहिष्णुता का प्रथम पाठ पढ़ाया। इसी विशाल भारत के हृदय-स्थल में, राष्ट्रीय राजधानी क्षेत्र दिल्ली के दक्षिण-पूर्व में, यमुना और हिंडन (प्राचीन साहित्यों में वर्णित 'हरनदी' या 'हिंडन') जैसी जीवनदायिनी, पवित्र नदियों के मध्य स्थित यह उर्वर दोआब क्षेत्र, जिसे आज हम ग्रेटर नोएडा और दादरी के नाम से पहचानते हैं, वह भी इसी सनातन, गौरवशाली अतीत का एक अविभाज्य और महत्वपूर्ण अंग रहा है। यह भू-भाग अनादि काल से ही मानव सभ्यताओं के उत्थान-पतन, उनके संघर्षों और उनकी सांस्कृतिक अभिव्यक्तियों का मूक साक्षी रहा है। इस अध्याय में हमारा प्रयास रहेगा कि हम इसी पावन धरा के उस प्राचीन, लगभग विस्मृत वैभव को परत-दर-परत उद्घाटित करें, जो पौराणिक आख्यानों की धूमिल स्मृतियों से लेकर गुप्त साम्राज्य के उस 'स्वर्णिम युग' तक विस्तृत है, जब भारतीय प्रतिभा अपने चरमोत्कर्ष पर थी।

1. पौराणिक आख्यान एवं जनश्रुतियाँ: अतीत की गूंज

किसी भी राष्ट्र या क्षेत्र के इतिहास की आत्मा को समझने के लिए, केवल पुरातात्विक अवशेषों या शिलालेखों पर निर्भर रहना अपर्याप्त होता है। उसके पौराणिक आख्यान, लोक-कथाएँ और जनमानस में पीढ़ी-दर-पीढ़ी प्रवाहित होती जनश्रुतियाँ उस अतीत की धड़कनों को जीवंत करती हैं। ये कथाएँ, भले ही आधुनिक इतिहास-लेखन की कसौटी पर अक्षरशः सत्य प्रमाणित न हों, तथापि वे उस क्षेत्र की प्राचीनतम स्मृतियों, उसके निवासियों के सांस्कृतिक मूल्यों, उनकी विश्व-दृष्टि और उनकी गहन आस्थाओं का अमूल्य दर्पण होती हैं। ग्रेटर नोएडा और दादरी का यह क्षेत्र भी ऐसे अनेक पौराणिक संदर्भों और लोक-कथाओं से ओत-प्रोत है, जो इसे भारत की वृहत्तर, सनातन सांस्कृतिक धारा से अभिन्न रूप से जोड़ते हैं, और यह सिद्ध करते हैं कि यह भूमि कभी भी सांस्कृतिक रूप से पृथक या महत्वहीन नहीं रही।

इंद्रप्रस्थ, खांडवप्रस्थ से क्षेत्र का पौराणिक संबंध: महाभारत के महाकाव्य में एक कड़ी

हमारे राष्ट्र का अद्वितीय महाकाव्य, महाभारत, जिसे पंचम वेद की संज्ञा भी दी जाती है, केवल धर्म, दर्शन, नीति और कूटनीति का ही विश्वकोश नहीं है, बल्कि यह तत्कालीन आर्यावर्त के भूगोल, उसके जनपदों, नदियों, पर्वतों और वनों का भी एक विस्तृत और जीवंत मानचित्र प्रस्तुत करता है। महाभारत के आदिपर्व में वर्णित है कि जब धृतराष्ट्र ने पांडवों को आधा राज्य देने का निर्णय किया, तो उन्हें खांडवप्रस्थ का निर्जन वन क्षेत्र दिया गया। इसी खांडवप्रस्थ को अपने अथक पुरुषार्थ और देवशिल्पी विश्वकर्मा की सहायता से पांडवों ने जलाकर, उस पर अपनी भव्य, देवलोक तुल्य राजधानी इंद्रप्रस्थ का निर्माण किया था, जिसके अवशेष आज भी दिल्ली के 'पुराना किला' क्षेत्र में विद्यमान माने जाते हैं।

ग्रेटर नोएडा और दादरी का वर्तमान भू-भाग इसी ऐतिहासिक इंद्रप्रस्थ और विशाल खांडवप्रस्थ वन क्षेत्र के अत्यंत निकट, दक्षिण-पूर्व दिशा में स्थित है। यमुना नदी इन क्षेत्रों के मध्य एक प्राकृतिक सीमा का भी निर्माण करती है। भौगोलिक सान्निध्य और प्राचीन मार्गों की संभावित दिशाओं के आधार पर यह अनुमान लगाना सर्वथा स्वाभाविक और तर्कसंगत है कि इस क्षेत्र का महाभारतकालीन घटनाओं, पात्रों और राजनीतिक-सांस्कृतिक परिवेश से गहरा और प्रत्यक्ष संबंध रहा होगा। यह संभव है कि खांडवप्रस्थ का विस्तार वर्तमान गौतम बुद्ध नगर जिले की सीमाओं तक रहा हो, और इस क्षेत्र के निवासी उन घटनाओं के साक्षी रहे हों या उनमें किसी न किसी रूप में भागीदार भी।

अनेक विद्वानों और स्थानीय मान्यताओं के अनुसार, खांडव वन, जो उस समय विभिन्न हिंसक पशुओं, नागों और अन्य जनजातियों का निवास स्थान था, का एक महत्वपूर्ण भाग वर्तमान गौतम बुद्ध नगर जिले की सीमाओं को स्पर्श करता था। इस वन में अनेक तपस्वी ऋषि-मुनियों के आश्रम भी थे, जो यहाँ एकांत में साधना करते थे। जब भगवान श्रीकृष्ण के मार्गदर्शन में अर्जुन ने अग्निदेव की क्षुधा शांत करने हेतु खांडव वन का दाह आरंभ किया, तो यहाँ निवास करने वाले नागराज तक्षक जैसे पराक्रमी योद्धाओं ने उनका भीषण प्रतिरोध किया था। इस महादाह और उसके परिणामस्वरूप हुए संघर्ष के पश्चात् ही इस क्षेत्र में आर्य संस्कृति का और अधिक सुदृढ़ प्रसार हुआ तथा कृषि आधारित नवीन बस्तियों की स्थापना का मार्ग प्रशस्त हुआ।

महाभारतकालीन संदर्भ एवं स्थानीय मान्यताएँ: लोकमानस में जीवित इतिहास

यह अत्यंत महत्वपूर्ण है कि ग्रेटर नोएडा और दादरी के स्थानीय जनमानस में आज भी, सहस्राब्दियाँ बीत जाने के पश्चात् भी, महाभारतकालीन अनेक प्रसंग, पात्र और स्थल किसी न किसी रूप में जीवित हैं। दादरी के निकट स्थित कई गाँवों के नाम, प्राचीन टीले, जलाशय और वृक्ष महाभारत के पात्रों या घटनाओं से जुड़े हुए माने जाते हैं।

नामों में इतिहास: उदाहरण के लिए, कुछ विद्वान एवं स्थानीय लोग 'दादरी' नाम की व्युत्पत्ति 'दाऊ जी री' (अर्थात् भगवान श्रीकृष्ण के अग्रज, हलधर बलराम जी की स्थली या उनसे संबंधित स्थान) से भी जोड़ते हैं। यद्यपि इसके अकाट्य ऐतिहासिक या भाषावैज्ञानिक प्रमाण अभी शोध का विषय हैं, तथापि यह लोकमान्यता इस क्षेत्र के बलराम और यदुवंश से पौराणिक जुड़ाव की ओर एक महत्वपूर्ण संकेत करती है। बलराम जी कृषि और बल के प्रतीक माने जाते हैं, और यह दोआब क्षेत्र अपनी उर्वरता के लिए सदैव प्रसिद्ध रहा है।

बिसरख और रावण का संबंध:

इसी प्रकार, ग्रेटर नोएडा के निकट स्थित बिसरख (प्राचीन नाम विश्वेश्वरा) गाँव को लंकापति रावण के पिता महर्षि विश्रवा की तपोभूमि और रावण के जन्मस्थान के रूप में माने जाने की एक अत्यंत प्रबल और प्राचीन लोकमान्यता है। यद्यपि यह प्रसंग रामायण काल (त्रेतायुग) से संबंधित है, जो महाभारत (द्वापरयुग) से पूर्व का है, तथापि यह इस तथ्य को और पुष्ट करता है कि यह भूमि अत्यंत प्राचीन काल से ही महत्वपूर्ण ऋषि-मुनियों, तपस्वियों और विशिष्ट व्यक्तित्वों से संबंधित रही है। इस मान्यता के कारण बिसरख आज भी

श्रद्धालुओं और शोधकर्ताओं के लिए आकर्षण का केंद्र है।

पांडवकालीन अवशेषों की जनश्रुतियाँ:

क्षेत्र के अनेक गाँवों में प्राचीन टीलों, 'पांडवकालीन' कुओं, मंदिरों के भग्नावशेषों या विशालकाय वृक्षों के मिलने की बातें पीढ़ी-दर-पीढ़ी सुनाई जाती रही हैं। कई बार खेतों की जुताई के समय प्राचीन मृद्भांड, सिक्के या मूर्तियाँ भी प्राप्त होती हैं, जिन्हें ग्रामीण श्रद्धापूर्वक महाभारत काल से जोड़ते हैं। ये जनश्रुतियाँ और लोक-विश्वास इस क्षेत्र की सांस्कृतिक विरासत का एक अभिन्न और जीवंत हिस्सा बन चुकी हैं। इनका ऐतिहासिक और पुरातात्विक सत्यापन भले ही एक जटिल और सतत प्रक्रिया हो, परन्तु ये इस बात का अकाट्य प्रमाण हैं कि यह भूमि पौराणिक काल से ही न केवल आबाद रही है, बल्कि भारतीय संस्कृति और इतिहास की मुख्य धारा से कभी विलग नहीं हुई, अपितु उसके निर्माण में सक्रिय भागीदार रही है।

इन पौराणिक आख्यानों और जनश्रुतियों का महत्व केवल ऐतिहासिक घटनाओं के पुनर्निर्माण तक सीमित नहीं है, बल्कि ये हमें उस काल के समाज, उसके मूल्यों, उसकी आस्थाओं और उसके पर्यावरण की भी एक झलक प्रदान करते हैं। ये हमें बताते हैं कि हमारे पूर्वज प्रकृति के कितने निकट थे और कैसे वे अपने परिवेश के साथ एक सामंजस्यपूर्ण संबंध स्थापित करते थे।

2. पुरातात्विक साक्ष्य एवं प्रारंभिक बस्तियाँ: धरती के गर्भ में छिपे रहस्य

पौराणिक आख्यानों और साहित्यिक संदर्भों के अतिरिक्त, किसी भी क्षेत्र के प्राचीन इतिहास को वैज्ञानिक आधार पर पुनर्निर्मित करने के लिए पुरातात्विक साक्ष्य सर्वाधिक विश्वसनीय और महत्वपूर्ण स्रोत होते हैं। ग्रेटर नोएडा, दादरी और इनके चतुर्दिक विस्तृत भू-भाग में हुए पुरातात्विक सर्वेक्षणों और यदा-कदा हुए उत्खननों से इस तथ्य की अकाट्य पुष्टि होती है कि यह क्षेत्र न केवल पौराणिक युग में, बल्कि प्रागैतिहासिक काल से ही मानव गतिविधियों और सभ्यताओं का एक महत्वपूर्ण केंद्र रहा है। धरती के गर्भ में छिपे ये अवशेष उन प्रारंभिक मानव बस्तियों, उनकी जीवन शैली, उनकी प्रौद्योगिकी और उनके सांस्कृतिक विकास की मूक कहानी कहते हैं।

क्षेत्र में पुरातात्विक खोजें एवं उनके निष्कर्ष: अतीत के पदचिन्ह

भारतीय पुरातत्व सर्वेक्षण (ASI), उत्तर प्रदेश राज्य पुरातत्व विभाग और विभिन्न विश्वविद्यालयों के पुरातत्व एवं प्राचीन इतिहास विभागों द्वारा समय-समय पर इस क्षेत्र और इसके निकटवर्ती जनपदों (जैसे बुलंदशहर, मेरठ, बागपत, गाजियाबाद और दिल्ली) में व्यापक पुरातात्विक अन्वेषण, सर्वेक्षण और सीमित

उत्खनन कार्य किए गए हैं। इन अथक प्रयासों के फलस्वरूप अनेक महत्वपूर्ण पुरास्थल प्रकाश में आए हैं और उनसे प्रचुर मात्रा में पुरावशेष प्राप्त हुए हैं, जो यहाँ की प्राचीनतम बस्तियों और विभिन्न सांस्कृतिक कालखंडों पर नवीन प्रकाश डालते हैं।

कासना और उसके निकटवर्ती टीले:

ग्रेटर नोएडा के हृदय-स्थल के निकट स्थित कासना (Kasna) कस्बा और उसके आसपास फैले हुए प्राचीन टीले पुरातात्विक दृष्टि से अत्यंत महत्वपूर्ण हैं। इन टीलों की सतह से और यदा-कदा होने वाली स्थानीय खुदाइयों से उत्तर हड़प्पाकालीन (Late Harappan) या परवर्ती हड़प्पाकालीन मृद्भांड (मिट्टी के बर्तन), मनके, मिट्टी की चूड़ियों के टुकड़े और अन्य पुरावशेष मिलने के पुष्ट संकेत मिले हैं। यद्यपि इन टीलों पर अभी तक कोई व्यापक, सुनियोजित और वैज्ञानिक उत्खनन नहीं हुआ है, तथापि प्रारंभिक सर्वेक्षण और प्राप्त सामग्री इस ओर स्पष्ट रूप से इंगित करती है कि हड़प्पा सभ्यता के परवर्ती चरण (लगभग 1900 ईसा पूर्व से 1300 ईसा पूर्व) में यहाँ सुविकसित मानव बस्तियाँ विद्यमान थीं। इन बस्तियों का स्वरूप, उनका विस्तार और उनका हड़प्पा सभ्यता के मुख्य केंद्रों से संबंध गहन शोध का विषय है।

हिंडन नदी घाटी की सभ्यता: एक महत्वपूर्ण कड़ी:

हिंडन नदी, जो यमुना की एक प्रमुख सहायक नदी है और इस क्षेत्र से होकर प्रवाहित होती है, प्राचीन काल से ही सभ्यताओं के विकास में सहायक रही है। हिंडन नदी घाटी में, विशेषकर इसके पश्चिमी तट पर, आलमगीरपुर (जिला मेरठ) जैसा अत्यंत महत्वपूर्ण हड़प्पाकालीन पुरास्थल स्थित है, जिसे हड़प्पा सभ्यता का पूर्वी सीमांत विस्तार माना जाता है। आलमगीरपुर, ग्रेटर नोएडा से बहुत अधिक दूरी पर स्थित नहीं है। इससे यह अनुमान लगाना तर्कसंगत है कि हिंडन घाटी में विकसित हुई यह प्राचीन सभ्यता और उसकी सांस्कृतिक धाराएँ इस क्षेत्र को भी सिंचित और प्रभावित करती रही होंगी। भविष्य के शोधों से हिंडन के पूर्वी तट पर, ग्रेटर नोएडा क्षेत्र में भी, ऐसे ही पुरास्थलों के प्रकाश में आने की प्रबल संभावना है।

ताम्र निधियाँ (Copper Hoards) और गैरिक मृद्भांड संस्कृति (Ochre Coloured Pottery - OCP):

गंगा-यमुना दोआब का यह संपूर्ण क्षेत्र ताम्र निधि संस्कृति (लगभग 2000 ईसा पूर्व से 1500 ईसा पूर्व) और उससे संबंधित गैरिक मृद्भांड संस्कृति (OCP) के लिए विशेष रूप से जाना जाता है। इस संस्कृति के लोग तांबे के विभिन्न

प्रकार के उपकरण और हथियार (जैसे परशु, खड्ग, शृंगाकार तलवारें, मत्स्य भाले आदि) बनाते थे और गेरुए रंग के विशिष्ट मृद्भांडों का प्रयोग करते थे। इस क्षेत्र के निकटवर्ती जनपदों से ऐसी ताम्र निधियाँ और OCP स्थल प्रचुर मात्रा में मिले हैं। यह अत्यंत संभावित है कि ग्रेटर नोएडा और दादरी क्षेत्र में भी इस संस्कृति के महत्वपूर्ण अवशेष दबे हों, जो उस युग के मानव जीवन, उनकी प्रौद्योगिकी और उनके सामाजिक संगठन पर प्रकाश डाल सकें। OCP संस्कृति के लोग संभवतः प्रारंभिक कृषक समुदाय थे जो नदी घाटियों में स्थायी रूप से बसने लगे थे।

चित्रित धूसर मृद्भांड संस्कृति (Painted Grey Ware - PGW):

भारतीय पुरातत्व में चित्रित धूसर मृद्भांड संस्कृति (PGW) का काल लगभग 1100 ईसा पूर्व से 600 ईसा पूर्व के मध्य निर्धारित किया गया है। इस संस्कृति की पहचान एक विशिष्ट प्रकार के स्लेटी रंग के पतले, सुघड़ मृद्भांडों से होती है, जिन पर काले या गहरे भूरे रंग से ज्यामितीय या अन्य प्रकार के अलंकरण चित्रित होते हैं। PGW संस्कृति को प्रायः उत्तर वैदिक काल और महाभारतकालीन संस्कृति से जोड़ा जाता है। हस्तिनापुर (मेरठ), इंद्रप्रस्थ (दिल्ली का पुराना किला), तिलपत (फरीदाबाद), अतरंजीखेड़ा (एटा), अहिच्छत्र (बरेली) जैसे अनेक महत्वपूर्ण पुरास्थलों से PGW के प्रचुर साक्ष्य मिले हैं। ग्रेटर नोएडा और दादरी का क्षेत्र इन प्रमुख PGW स्थलों के मध्य या उनके प्रभाव क्षेत्र में स्थित होने के कारण, यहाँ भी इस संस्कृति के पुरास्थलों के मिलने की प्रबल संभावना है। कुछ स्थानीय टीलों से प्राप्त मृद्भांडों के टुकड़ों में PGW की झलक मिलती है, जो गहन अन्वेषण की मांग करते हैं। PGW संस्कृति के लोग लोहे का प्रयोग करने लगे थे, कृषि और पशुपालन उनके मुख्य व्यवसाय थे, और वे सुसंगठित ग्रामीण बस्तियों में रहते थे।

प्राचीन मानव सभ्यताओं के अवशेष: जीवन की निरंतरता

उपरोक्त प्रमुख सांस्कृतिक कालखंडों के अतिरिक्त, इस क्षेत्र से समय-समय पर और भी प्राचीन मानव सभ्यताओं के अवशेष मिलते रहे हैं। इनमें पुरापाषाण काल (Paleolithic) और मध्यपाषाण काल (Mesolithic) के कुछ प्रस्तर उपकरण (stone tools) मिलने की भी संभावना है, जो इस क्षेत्र में मानव की प्राचीनतम उपस्थिति को इंगित कर सकते हैं, विशेषकर हिंडन और यमुना नदियों के पुराने कछारी क्षेत्रों में। नवपाषाण काल (Neolithic) के भी कुछ साक्ष्य, जैसे पॉलिशदार पत्थर के उपकरण या प्रारंभिक कृषि के संकेत, भविष्य के शोधों से मिल सकते हैं।

इन पुरातात्विक खोजों से प्राप्त विभिन्न प्रकार के मृद्भांड, पत्थर और धातु के उपकरण, मनके, मिट्टी की मूर्तियाँ, पशुओं की हड्डियाँ, अनाज के दाने और अन्य पुरावशेष उस युग के मानव जीवन के विभिन्न पहलुओं – उनके आवास, भोजन, वस्त्र, आभूषण, हथियार, औज़ार, कला, धर्म, सामाजिक संगठन और पर्यावरण के साथ उनके संबंधों – पर बहुमूल्य प्रकाश डालते हैं। यह स्पष्ट है कि यह भूमि केवल कुछ सौ वर्षों से ही नहीं, बल्कि सहस्राब्दियों से मानव सभ्यता की एक निरंतर, जीवंत क्रीड़ास्थली रही है। नदियों की जीवनदायिनी उपस्थिति, उपजाऊ जलोढ़ मिट्टी, समतल मैदानी भू-भाग और अपेक्षाकृत अनुकूल जलवायु ने सदैव से मानव समुदायों को यहाँ बसने और अपनी संस्कृतियों को विकसित करने के लिए आकर्षित किया है।

3. महाजनपद काल: गणराज्यों और साम्राज्यों का उदय (लगभग 600 ईसा पूर्व से 322 ईसा पूर्व)

ईसा पूर्व छठी शताब्दी भारतीय इतिहास में एक युगांतकारी परिवर्तन का काल है। इस काल में न केवल गंगा-यमुना के उर्वर मैदानों में द्वितीय नगरीकरण की प्रक्रिया तीव्र हुई, बल्कि लोहे के व्यापक प्रयोग ने कृषि और सैन्य प्रौद्योगिकी में क्रांति ला दी। सामाजिक, आर्थिक और राजनीतिक संरचनाओं में गहन परिवर्तन हुए, जिसके परिणामस्वरूप छोटे-छोटे कबीलाई राज्यों (जन) का स्थान बड़े, सुसंगठित प्रादेशिक राज्यों ने ले लिया, जिन्हें 'महाजनपद' कहा गया। बौद्ध ग्रंथ 'अंगुत्तर निकाय' और जैन ग्रंथ 'भगवती सूत्र' में सोलह महाजनपदों की सूचियाँ मिलती हैं, जो उस समय उत्तर भारत की प्रमुख राजनीतिक शक्तियों का प्रतिनिधित्व करते थे। ग्रेटर नोएडा और दादरी का यह महत्वपूर्ण क्षेत्र इस काल में दो प्रमुख और शक्तिशाली महाजनपदों – कुरु और शूरसेन – के प्रभाव क्षेत्र या उनकी सीमावर्ती परिधि में आता था, और इन दोनों की राजनीतिक तथा सांस्कृतिक गतिविधियों से गहन रूप से प्रभावित होता था।

कुरु एवं शूरसेन महाजनपद के अंतर्गत क्षेत्रीय स्थिति: दो शक्तियों के मध्य कुरु महाजनपद: एक गौरवशाली विरासत:

कुरु महाजनपद का उल्लेख महाभारत काल से ही मिलता है, और यह अपनी वीर परंपरा, ज्ञान और नैतिक मूल्यों के लिए विख्यात था। महाजनपद काल में इसका केंद्र वर्तमान दिल्ली, हरियाणा के कुरुक्षेत्र क्षेत्र और पश्चिमी उत्तर प्रदेश के मेरठ-सहारनपुर मंडल के कुछ भागों में विस्तृत था। इसकी एक प्रमुख राजधानी इंद्रप्रस्थ (आधुनिक दिल्ली के निकट) थी, और दूसरी महत्वपूर्ण नगरी हस्तिनापुर (मेरठ के निकट) थी। ग्रेटर नोएडा और दादरी का भू-भाग कुरु

महाजनपद की दक्षिणी या दक्षिण-पूर्वी सीमा के अत्यंत निकट स्थित था, और संभवतः इसके प्रशासनिक और सांस्कृतिक प्रभाव क्षेत्र में आता था। कुरु महाजनपद के निवासी अपनी बुद्धिमत्ता, शौर्य और वैदिक ज्ञान की परंपरा के लिए प्रसिद्ध थे। यहाँ कृषि और पशुपालन अत्यंत उन्नत अवस्था में थे, और यह क्षेत्र व्यापारिक मार्गों से भी जुड़ा हुआ था। यद्यपि इस काल तक कुरुओं की राजनीतिक शक्ति पहले जैसी नहीं रही थी, फिर भी उनका सांस्कृतिक महत्व अक्षुण्ण था।

शूरसेन महाजनपदः कृष्ण की नगरी का प्रभावः

शूरसेन महाजनपद का केंद्र ब्रजमंडल अर्थात् मथुरा और उसके आसपास का क्षेत्र था, और इसकी राजधानी मथुरा (प्राचीन नाम मधुपुरी या मधुरा) थी। यह महाजनपद यदुवंशियों (यादवों) से संबंधित था, जिनका संबंध भगवान श्रीकृष्ण से जोड़ा जाता है। शूरसेन महाजनपद अपनी समृद्ध संस्कृति, कला, वाणिज्य और विशेष रूप से भागवत धर्म के एक महत्वपूर्ण केंद्र के रूप में विख्यात था। ग्रेटर नोएडा और दादरी का क्षेत्र यमुना नदी के माध्यम से शूरसेन महाजनपद से भी जुड़ा हुआ था और उसके सांस्कृतिक तथा आर्थिक प्रभाव को अनुभव करता था। मथुरा एक महत्वपूर्ण व्यापारिक केंद्र था और विभिन्न मार्गों का संगम स्थल था, जिससे इस क्षेत्र की आर्थिक गतिविधियों को भी बल मिलता होगा।

ग्रेटर नोएडा और दादरी का क्षेत्र इन दो शक्तिशाली महाजनपदों के मध्य एक प्रकार से 'बफर जोन' या सीमावर्ती क्षेत्र की भूमिका निभाता रहा होगा। इसका अर्थ है कि यहाँ दोनों महाजनपदों की संस्कृतियों का मिश्रण देखने को मिलता होगा, और राजनीतिक रूप से यह कभी कुरु तो कभी शूरसेन के प्रभाव में आता-जाता रहा होगा। इस क्षेत्र के निवासी संभवतः इन दोनों महाजनपदों के साथ व्यापारिक और सामाजिक संबंध रखते होंगे।

महाजनपद काल में नए नगरों का उदय, आहत सिक्कों (Punch-marked coins) का व्यापक प्रचलन, लेखन कला का विकास और विभिन्न शिल्पों तथा व्यापारिक श्रेणियों (guilds) का संगठन महत्वपूर्ण आर्थिक परिवर्तन थे। इसी काल में बौद्ध और जैन धर्मों के रूप में दो नवीन, श्रमण परंपरा पर आधारित विचार क्रांतियों का भी उदय हुआ, जिन्होंने तत्कालीन सामाजिक, धार्मिक और दार्शनिक मान्यताओं को गहराई से चुनौती दी और एक नए चिंतन को जन्म दिया। भगवान बुद्ध और भगवान महावीर के उपदेशों का प्रभाव निश्चित रूप से इस क्षेत्र तक भी पहुँचा होगा, और यहाँ भी बौद्ध विहारों या जैन उपाश्रयों की स्थापना हुई होगी, भले ही उनके प्रत्यक्ष पुरातात्विक प्रमाण अभी तक प्रचुर मात्रा

में न मिले हों। यह क्षेत्र उस वैचारिक मंथन का भी साक्षी रहा होगा जिसने भारतीय सभ्यता की दिशा को प्रभावित किया।

4. मौर्य, शुंग एवं कुषाणकालीन प्रभाव: साम्राज्यवादी एकता और सांस्कृतिक संगम (लगभग 322 ईसा पूर्व से तीसरी शताब्दी ईस्वी)

महाजनपदों के आपसी संघर्ष और राजनीतिक अस्थिरता के दौर के पश्चात्, ईसा पूर्व चौथी शताब्दी में मगध के नंद वंश के पतन के साथ ही भारत के राजनीतिक क्षितिज पर एक ऐसे साम्राज्य का उदय हुआ जिसने पहली बार भारत के एक विशाल भू-भाग को एक सुदृढ़ केंद्रीय सत्ता के अधीन संगठित किया – यह था मौर्य साम्राज्य। मौर्य साम्राज्य की स्थापना ने भारतीय इतिहास में एक नए युग का सूत्रपात किया, जिसके प्रभाव पड़े।

मौर्य साम्राज्य (लगभग 322 ईसा पूर्व – 185 ईसा पूर्व): प्रथम अखिल भारतीय साम्राज्य

आचार्य चाणक्य (कौटिल्य) के मार्गदर्शन में चंद्रगुप्त मौर्य द्वारा स्थापित मौर्य साम्राज्य का विस्तार पश्चिम में हिंदुकुश पर्वतमाला से लेकर पूर्व में बंगाल तक, और उत्तर में हिमालय से लेकर दक्षिण में मैसूर तक था। ग्रेटर नोएडा और दादरी का यह क्षेत्र, जो कुरु और शूरसेन महाजनपदों के प्रभाव क्षेत्र में था, निश्चित रूप से इस विशाल मौर्य साम्राज्य का एक अभिन्न अंग बन गया। दिल्ली के निकट टोपरा (अब दिल्ली-टोपरा स्तंभ) और मेरठ से प्राप्त सम्राट अशोक के प्रसिद्ध स्तंभ लेख इस बात के अकाट्य प्रमाण हैं कि यह संपूर्ण क्षेत्र मौर्य प्रशासन के सीधे और प्रभावी नियंत्रण में था।

मौर्यों ने एक अत्यंत सुव्यवस्थित और केंद्रीकृत प्रशासनिक व्यवस्था स्थापित की थी। साम्राज्य को विभिन्न प्रांतों (चक्रों) में विभाजित किया गया था, जिनका शासन राज्यपालों (कुमार या आर्यपुत्र) द्वारा किया जाता था। प्रांतों को पुनः जिलों (आहार या विषय) में विभाजित किया गया था, जिनके प्रमुख अधिकारी 'विषयपति' या 'प्रदेशिका' कहलाते थे। यह अत्यंत संभावित है कि ग्रेटर नोएडा और दादरी का क्षेत्र भी किसी ऐसे ही 'आहार' या 'विषय' का हिस्सा रहा होगा, जिसका प्रशासनिक केंद्र निकटवर्ती कोई महत्वपूर्ण नगर रहा होगा। कौटिल्य के 'अर्थशास्त्र' में वर्णित विस्तृत प्रशासनिक, न्यायिक और राजस्व प्रणाली इस क्षेत्र में भी लागू रही होगी।

मौर्य काल में कृषि राज्य की अर्थव्यवस्था का मुख्य आधार थी, और राज्य द्वारा कृषि के विकास तथा सिंचाई व्यवस्था (जैसे सुदर्शन झील का निर्माण) पर विशेष ध्यान दिया जाता था। इस क्षेत्र की उर्वर भूमि निश्चित रूप से राज्य

के राजस्व में महत्वपूर्ण योगदान करती होगी। व्यापार और वाणिज्य भी उन्नत अवस्था में थे, और मौर्यों ने व्यापारिक मार्गों की सुरक्षा तथा रखरखाव का उचित प्रबंध किया था। उत्तरापथ जैसा प्रसिद्ध व्यापारिक मार्ग, जो तक्षशिला से पाटलिपुत्र तक जाता था, इस क्षेत्र के निकट से ही गुजरता रहा होगा, जिससे यहाँ की आर्थिक गतिविधियों को प्रोत्साहन मिला होगा।

सम्राट अशोक (लगभग 268 ईसा पूर्व – 232 ईसा पूर्व) के शासनकाल में मौर्य साम्राज्य अपने चरमोत्कर्ष पर पहुँचा। कलिंग युद्ध की विभीषिका के पश्चात् अशोक ने शस्त्र विजय का मार्ग त्यागकर 'धम्म विजय' की नीति अपनाई। उसने अपने 'धम्म' (नैतिक आचरण और सामाजिक उत्तरदायित्व का सिद्धांत) के प्रचार-प्रसार के लिए साम्राज्य भर में शिलालेख और स्तंभ लेख उत्कीर्ण करवाए, तथा धम्म महामात्रों की नियुक्ति की। इस क्षेत्र में भी अशोक के धम्म का व्यापक प्रभाव पड़ा होगा। यह संभव है कि अशोक ने यहाँ बौद्ध स्तूपों, विहारों या अन्य लोककल्याणकारी संरचनाओं का निर्माण करवाया हो, जिनके अवशेष भविष्य की पुरातात्विक खोजों में प्रकाश में आ सकते हैं।

शुंग एवं कण्व वंश (लगभग 185 ईसा पूर्व – 28 ईसा पूर्व): मौर्योत्तर काल की चुनौतियाँ

मौर्य साम्राज्य के पतन के पश्चात्, लगभग 185 ईसा पूर्व में, अंतिम मौर्य सम्राट बृहद्रथ की हत्या कर उसके सेनापति पुष्यमित्र शुंग ने शुंग वंश की नींव डाली। शुंग वंश ने लगभग 112 वर्षों तक शासन किया। यद्यपि उनका साम्राज्य मौर्यों जितना विशाल नहीं था, तथापि उत्तर भारत के एक बड़े भाग पर, जिसमें यह क्षेत्र भी सम्मिलित था, उनका राजनीतिक प्रभुत्व बना रहा। शुंग काल में ब्राह्मण धर्म का पुनरुत्थान हुआ और संस्कृत भाषा को प्रोत्साहन मिला। कला के क्षेत्र में भी इस काल में महत्वपूर्ण विकास हुए, जैसे भरहुत और सांची के स्तूपों के तोरण द्वारों का निर्माण।

शुंग वंश के बाद कण्व वंश (लगभग 73 ईसा पूर्व – 28 ईसा पूर्व) ने मगध पर अल्पकाल के लिए शासन किया। इस काल में राजनीतिक अस्थिरता बढ़ी और उत्तर-पश्चिम से विदेशी आक्रमणों का खतरा भी मंडराने लगा।

कुषाणकालीन प्रभाव (लगभग पहली शताब्दी ईस्वी – तीसरी शताब्दी ईस्वी): अंतर्राष्ट्रीय संपर्क और सांस्कृतिक समन्वय

ईसा की प्रथम शताब्दी में मध्य एशिया की यू-ची जनजाति की एक शाखा, कुषाणों ने उत्तर-पश्चिमी भारत में प्रवेश कर एक विशाल और शक्तिशाली साम्राज्य की स्थापना की। कुषाण साम्राज्य का सबसे प्रतापी शासक सम्राट

कनिष्क (लगभग 78 ईस्वी – 101 ईस्वी या 127 ईस्वी – 151 ईस्वी) था, जिसके साम्राज्य की सीमाएँ मध्य एशिया के तारिम बेसिन से लेकर पूर्व में पाटलिपुत्र तक और उत्तर में कश्मीर से लेकर दक्षिण में मालवा तक विस्तृत थीं। कुषाणों की दो प्रमुख राजधानियाँ थीं – पुरुषपुर (आधुनिक पेशावर, पाकिस्तान) और मथुरा।

मथुरा, जो ग्रेटर नोएडा और दादरी क्षेत्र से बहुत अधिक दूर नहीं है, कुषाण काल में न केवल एक प्रमुख राजनीतिक और प्रशासनिक केंद्र था, बल्कि यह कला, संस्कृति, धर्म और वाणिज्य का भी एक अत्यंत महत्वपूर्ण अंतरराष्ट्रीय केंद्र बन गया था। कुषाण काल में ही प्रसिद्ध 'मथुरा कला शैली' का विकास हुआ, जिसमें लाल चित्तीदार बलुआ पत्थर से बौद्ध, जैन और हिन्दू देवी-देवताओं की असंख्य सुंदर और जीवंत मूर्तियों का निर्माण किया गया। इन मूर्तियों में भारतीय और विदेशी (विशेषकर हेलेनिस्टिक-रोमन) कला तत्वों का अद्भुत समन्वय देखने को मिलता है। यह अत्यंत संभावित है कि मथुरा कला का प्रभाव इस क्षेत्र तक भी पहुँचा हो, और यहाँ भी स्थानीय स्तर पर मूर्तियों का निर्माण होता रहा हो या मथुरा से मूर्तियाँ लाई जाती रही हों।

कुषाण काल में भारत का रोम साम्राज्य, चीन और मध्य एशिया के साथ व्यापारिक संबंध अपने चरमोत्कर्ष पर था। प्रसिद्ध 'रेशम मार्ग' (Silk Route) कुषाण साम्राज्य से होकर गुजरता था, जिससे उन्हें भारी आर्थिक लाभ होता था। कुषाण शासकों ने बड़ी संख्या में उच्च गुणवत्ता वाले स्वर्ण और ताम्र सिक्के जारी किए, जो उनकी आर्थिक समृद्धि और अंतर्राष्ट्रीय व्यापार के प्रमाण हैं। इस क्षेत्र से भी कुषाणकालीन सिक्के और अन्य पुरावशेष मिलने की संभावना है, जो यहाँ की तत्कालीन आर्थिक गतिविधियों पर प्रकाश डाल सकते हैं।

कुषाण शासक धार्मिक रूप से सहिष्णु थे। कनिष्क ने बौद्ध धर्म को संरक्षण प्रदान किया और उसी के काल में चतुर्थ बौद्ध संगीति का आयोजन कुंडलवन (कश्मीर) में हुआ था। महायान बौद्ध धर्म का उदय और प्रसार भी इसी काल की महत्वपूर्ण घटना है। तथापि, कुषाण शासक अन्य भारतीय धर्मों का भी आदर करते थे, जैसा कि उनके सिक्कों पर अंकित विभिन्न देवी-देवताओं के चित्रों से स्पष्ट होता है। इस धार्मिक समन्वय और सांस्कृतिक आदान-प्रदान का प्रभाव निश्चित रूप से ग्रेटर नोएडा और दादरी क्षेत्र पर भी पड़ा होगा।

5. गुप्त साम्राज्य: भारतीय इतिहास का स्वर्णिम युग (लगभग चौथी शताब्दी ईस्वी – छठी शताब्दी ईस्वी)

कुषाण साम्राज्य के पतन और राजनीतिक विखंडन के एक संक्षिप्त दौर के पश्चात्, ईसा की चौथी शताब्दी के आरंभ में मगध के पाटलिपुत्र से एक नए

राजवंश का उदय हुआ, जिसने भारत को पुनः एक शक्तिशाली केंद्रीय सत्ता के अधीन लाकर राजनीतिक एकता, स्थिरता और अभूतपूर्व सांस्कृतिक समृद्धि प्रदान की – यह था गुप्त वंश। गुप्त काल को प्रायः भारतीय इतिहास का 'स्वर्ण युग' (Golden Age) कहा जाता है, क्योंकि इस काल में साहित्य, कला, विज्ञान, गणित, ज्योतिष, दर्शन, स्थापत्य और शिक्षा के क्षेत्र में ऐसी असाधारण और चहुंमुखी प्रगति हुई, जिसकी आभा आज भी भारतीय मानस को आलोकित करती है।

गुप्तकालीन प्रशासन एवं क्षेत्रीय विकास: सुशासन और समृद्धि

गुप्त वंश के संस्थापक श्रीगुप्त और घटोत्कच के बाद चंद्रगुप्त प्रथम (लगभग 319 ईस्वी – 335 ईस्वी) ने 'महाराजाधिराज' की उपाधि धारण कर गुप्त साम्राज्य की नींव को सुदृढ़ किया। उसके पुत्र और उत्तराधिकारी समुद्रगुप्त (लगभग 335 ईस्वी – 380 ईस्वी) एक महान विजेता, कुशल प्रशासक, संगीतज्ञ और कवि थे। प्रयाग प्रशस्ति (इलाहाबाद स्तंभ लेख) में उसकी विजयों और व्यक्तित्व का विस्तृत वर्णन मिलता है। समुद्रगुप्त ने आर्यावर्त के अनेक राजाओं को पराजित कर उनके राज्यों को अपने साम्राज्य में मिला लिया, और दक्षिणापथ के राजाओं को कर देने के लिए विवश किया। उसके पश्चात् चंद्रगुप्त द्वितीय 'विक्रमादित्य' (लगभग 380 ईस्वी – 415 ईस्वी) ने गुप्त साम्राज्य का और अधिक विस्तार किया और उसे समृद्धि के शिखर पर पहुँचाया। शकों को पराजित कर उसने पश्चिमी भारत पर अधिकार किया और 'शकारि' तथा 'विक्रमादित्य' की उपाधियाँ धारण कीं। उसी के काल में चीनी यात्री फाह्यान भारत आया था, जिसने तत्कालीन भारत की सामाजिक, आर्थिक और धार्मिक स्थिति का सजीव चित्रण किया है।

ग्रेटर नोएडा और दादरी का यह महत्वपूर्ण क्षेत्र, जो उत्तर भारत के हृदय-स्थल में स्थित है, निश्चित रूप से इस विशाल और वैभवशाली गुप्त साम्राज्य का एक अभिन्न अंग था। गुप्त शासकों ने एक अत्यंत कुशल और सुव्यवस्थित प्रशासनिक ढांचा स्थापित किया था। साम्राज्य को विभिन्न भुक्तियों (प्रांतों) में विभाजित किया गया था, जिनके शासक 'उपरिक' या 'भोगिक' कहलाते थे, जो प्रायः राजपरिवार के सदस्य होते थे। भुक्तियों को पुनः विषयों (जिलों) में विभाजित किया जाता था, जिनके प्रमुख अधिकारी 'विषयपति' होते थे, जिनकी नियुक्ति उपरिक द्वारा की जाती थी। विषयपति के अधीन स्थानीय प्रशासन में नगर प्रमुख (नगरश्रेष्ठि), सार्थवाह (व्यापारियों का प्रमुख), प्रथम कुलिक (मुख्य शिल्पी) और प्रथम कायस्थ (मुख्य लेखक) जैसे अधिकारियों की एक समिति

सहायता करती थी, जो स्थानीय स्वशासन का एक उत्कृष्ट उदाहरण प्रस्तुत करती है। यह अत्यंत संभावित है कि यह क्षेत्र भी किसी विषय का हिस्सा रहा हो और यहाँ भी इसी प्रकार की प्रशासनिक व्यवस्था लागू रही हो।

गुप्त काल में कृषि अर्थव्यवस्था का मुख्य आधार बनी रही, और राज्य द्वारा कृषि की उन्नति तथा सिंचाई व्यवस्था पर विशेष ध्यान दिया जाता था। भू-राजस्व, जो उपज का सामान्यतः छठा भाग (षड्भाग) होता था, राज्य की आय का प्रमुख स्रोत था। इस क्षेत्र की उर्वर भूमि निश्चित रूप से गुप्त साम्राज्य की आर्थिक समृद्धि में महत्वपूर्ण योगदान करती होगी। व्यापार और वाणिज्य भी इस काल में उन्नत अवस्था में थे, यद्यपि रोमन साम्राज्य के साथ होने वाले विदेशी व्यापार में कुछ कमी आई थी, तथापि आंतरिक और दक्षिण-पूर्व एशिया के साथ व्यापार फलता-फूलता रहा। गुप्त शासकों ने बड़ी संख्या में कलात्मक और उच्च गुणवत्ता वाले स्वर्ण सिक्के (दीनार), रजत सिक्के और ताम्र सिक्के जारी किए, जो उनकी आर्थिक संपन्नता और विकसित मुद्रा प्रणाली के परिचायक हैं।

कला, स्थापत्य, साहित्य एवं विज्ञान: प्रतिभा का उत्कर्ष

गुप्त काल की सबसे बड़ी देन उसकी अद्वितीय सांस्कृतिक उपलब्धियाँ हैं। इस काल में भारतीय कला, स्थापत्य, साहित्य और विज्ञान अपने चरमोत्कर्ष पर पहुँच गए।

स्थापत्य कला:

मंदिर निर्माण कला का वास्तविक सूत्रपात इसी काल में हुआ। प्रारंभ में मंदिर सपाट छत वाले होते थे, किंतु बाद में शिखरों का निर्माण भी होने लगा। देवगढ़ (जिला ललितपुर, उत्तर प्रदेश) का दशावतार मंदिर, भूमरा (जिला सतना, मध्य प्रदेश) का शिव मंदिर, तिगवा (जिला जबलपुर, मध्य प्रदेश) का विष्णु मंदिर और भीतरगाँव (जिला कानपुर, उत्तर प्रदेश) का ईंटों से निर्मित लक्ष्मण मंदिर गुप्तकालीन स्थापत्य कला के उत्कृष्ट उदाहरण हैं। यद्यपि ग्रेटर नोएडा और दादरी क्षेत्र से अभी तक कोई विशाल गुप्तकालीन मंदिर प्रकाश में नहीं आया है, तथापि इस बात की प्रबल संभावना है कि यहाँ भी स्थानीय स्तर पर छोटे मंदिर और देवालय अवश्य रहे होंगे, जिनके अवशेष भूमि के गर्भ में विलीन हो गए होंगे या भविष्य के अन्वेषणों की प्रतीक्षा कर रहे होंगे।

मूर्तिकला:

गुप्तकालीन मूर्तिकला भारतीय मूर्तिकला के इतिहास में सौंदर्य, संतुलन, आध्यात्मिकता और शारीरिक सौष्ठव के अद्भुत समन्वय के लिए जानी जाती है। सारनाथ, मथुरा और पाटलिपुत्र इस काल में मूर्तिकला के प्रमुख केंद्र थे। बुद्ध,

विष्णु, शिव, दुर्गा और अन्य देवी-देवताओं की अत्यंत मनोहारी और भावप्रवण मूर्तियों का निर्माण हुआ। इन मूर्तियों में वस्त्रों की सलवटें, केशविन्यास और आभूषणों का अंकन अत्यंत सूक्ष्मता और कुशलता से किया गया है।

चित्रकलाः

गुप्त काल में चित्रकला भी उच्च स्तर पर विकसित थी। अजंता की गुफाओं (विशेषकर गुफा संख्या 16, 17 और 19) और बाघ की गुफाओं के भित्तिचित्र गुप्तकालीन चित्रकला के सर्वोत्तम उदाहरण हैं। इन चित्रों में धार्मिक प्रसंगों के साथ-साथ तत्कालीन सामाजिक जीवन की भी सजीव झलक मिलती है।

साहित्यः

गुप्त काल संस्कृत साहित्य का स्वर्ण युग था। महाकवि कालिदास, जिन्हें 'भारत का शेक्सपियर' कहा जाता है, इसी युग की देन हैं। उनके द्वारा रचित 'अभिज्ञानशाकुन्तलम्', 'मेघदूतम्', 'रघुवंशम्' और 'कुमारसंभवम्' जैसी कालजयी रचनाएँ विश्व साहित्य की अमूल्य निधि हैं। इनके अतिरिक्त शूद्रक का 'मृच्छकटिकम्', विशाखदत्त का 'मुद्राराक्षस', विष्णु शर्मा का 'पंचतंत्र' और अमरसिंह का 'अमरकोश' भी इसी काल की महत्वपूर्ण साहित्यिक कृतियाँ हैं। पुराणों को उनका वर्तमान स्वरूप भी इसी काल में प्राप्त हुआ।

विज्ञान, गणित एवं ज्योतिषः

इस क्षेत्र में भी गुप्त काल में अभूतपूर्व प्रगति हुई। महान गणितज्ञ एवं ज्योतिर्विद आर्यभट्ट ने दशमलव प्रणाली, शून्य का प्रयोग (यद्यपि शून्य का आविष्कार पहले हो चुका था, पर इसका व्यवस्थित प्रयोग), पाई (π) का मान और पृथ्वी की परिधि की गणना की। उन्होंने यह भी प्रतिपादित किया कि पृथ्वी अपनी धुरी पर घूमती है और सूर्य के चारों ओर चक्कर लगाती है, तथा सूर्यग्रहण और चंद्रग्रहण के वैज्ञानिक कारण बताए। वराहमिहिर ने ज्योतिष और खगोल विज्ञान के क्षेत्र में 'पंचसिद्धान्तिका' और 'बृहत्संहिता' जैसे महत्वपूर्ण ग्रंथों की रचना की। ब्रह्मगुप्त ने भी गणित और खगोल विज्ञान में महत्वपूर्ण योगदान दिया। चिकित्सा के क्षेत्र में भी इस काल में प्रगति हुई, और आयुर्वेद का विकास हुआ।

इस प्रकार, पौराणिक काल की धूमिल और रहस्यमयी स्मृतियों से यात्रा आरंभ कर, विभिन्न सभ्यताओं और संस्कृतियों के उत्थान-पतन को आत्मसात करते हुए, ग्रेटर नोएडा और दादरी का यह ऐतिहासिक क्षेत्र गुप्त साम्राज्य के उस स्वर्णिम युग तक पहुँचता है, जब भारतीय प्रतिभा अपने चरम पर थी। यह भूमि न केवल वीर योद्धाओं, कुशल प्रशासकों और धर्मपरायण शासकों की

कर्मस्थली रही है, बल्कि यहाँ कला, साहित्य, विज्ञान, दर्शन और आध्यात्मिकता की अजस्र धारा भी निरंतर प्रवाहित होती रही है, जिसने भारतीय सभ्यता के भव्य भवन के निर्माण में अपना अमूल्य योगदान दिया है। आगामी अध्यायों में हम इसी ऐतिहासिक यात्रा को आगे बढ़ाते हुए मध्यकाल की चुनौतियों, संघर्षों और सांस्कृतिक समन्वय तथा आधुनिक काल में इस क्षेत्र के कायाकल्प और विकास की गाथा को समझने का प्रयास करेंगे।

2

अध्याय 2: मध्ययुगीन दादरी - संघर्ष और संस्कृति

गुप्त साम्राज्य के अवसान के उपरांत उत्तर भारत में जो राजनीतिक परिदृश्य उभरा, वह विकेंद्रीकरण और क्षेत्रीय शक्तियों के प्रभुत्व का काल था। लगभग 7वीं शताब्दी से 12वीं शताब्दी तक का यह पूर्व-मध्यकाल, दिल्ली और उसके निकटवर्ती दोआब क्षेत्र, जिसमें दादरी और आज का ग्रेटर नोएडा स्थित है, के लिए निरंतर परिवर्तन और सामरिक महत्व का कालखंड रहा। दिल्ली के सत्ता केंद्र के इतने समीप होने के कारण, दादरी क्षेत्र प्रत्येक राजनीतिक, सैनिक और सांस्कृतिक तरंग से सीधे तौर पर आंदोलित होता रहा। दिल्ली सल्तनत की स्थापना के बाद तो यह क्षेत्र राजधानी के पृष्ठ प्रदेश (hinterland) का एक अनिवार्य अंग बन गया, जो न केवल उसकी खाद्य सुरक्षा सुनिश्चित करता था, बल्कि सैन्य अभियानों के लिए मानव संसाधन भी उपलब्ध कराता था। मुगल काल में इसकी प्रशासनिक महत्ता और बढ़ी। यह अध्याय इसी मध्ययुगीन कालखंड में दादरी क्षेत्र के विशिष्ट ऐतिहासिक अनुभव, उसके निवासियों के संघर्ष, राजपूत वंशों का शासन दादरी क्षेत्र में उनकी जीवटता और उनकी विकसित होती सांस्कृतिक पहचान पर केंद्रित है।

1.स्थानीय सत्ता और प्रतिरोध (लगभग 7वीं से 12वीं शताब्दी)

हर्षवर्धन के साम्राज्य के विघटन के बाद, उत्तर भारत में राजपूत कुलों का उदय एक प्रमुख राजनीतिक शक्ति के रूप में हुआ। दिल्ली और उसके आसपास के क्षेत्रों पर तोमर और बाद में चौहान राजपूतों का वर्चस्व स्थापित हुआ। दादरी, दिल्ली के इतने निकट होने के कारण, इन राजपूत शासकों के प्रत्यक्ष प्रभाव क्षेत्र में था और उनकी राजनीतिक तथा सैन्य गतिविधियों का एक महत्वपूर्ण अग्रिम क्षेत्र (forward area) भी।

तोमर शासन और दादरी की भूमिका

8वीं शताब्दी में अनंगपाल तोमर द्वारा दिल्ली (ढिल्लिकापुरी) की स्थापना के साथ ही, यमुना-हिंडन दोआब का यह उर्वर क्षेत्र, जिसमें दादरी स्थित है, तोमर राज्य का एक महत्वपूर्ण कृषि आधार बन गया। इस क्षेत्र से प्राप्त होने वाला अधिशेष राजस्व तोमर शासकों की आर्थिक शक्ति का एक स्रोत था। तोमरों ने दिल्ली की सुरक्षा के लिए आसपास के क्षेत्रों में छोटे-छोटे दुर्ग (गढ़) और सैन्य चौकियाँ स्थापित कीं। दादरी क्षेत्र में भी, स्थानीय राजपूत और अन्य योद्धा जातियों (जैसे गुर्जर) के नियंत्रण में ऐसी गढ़ियाँ रही होंगी, जो तोमर सत्ता के प्रति निष्ठावान थीं और बाहरी आक्रमणों के समय प्रथम प्रतिरोध पंक्ति का कार्य करती थीं। इस काल में दादरी और आसपास के गाँवों में कृषि आधारित ग्रामीण अर्थव्यवस्था सुदृढ़ हुई, और स्थानीय व्यापारिक हाटों का भी विकास हुआ।

चौहानों के अधीन दादरी: सैन्य महत्व और स्थानीय प्रभाव

12वीं शताब्दी में जब अजमेर के चौहानों ने पृथ्वीराज चौहान (तृतीय) के नेतृत्व में दिल्ली पर अधिकार किया, तो दादरी क्षेत्र भी उनके साम्राज्य का अभिन्न अंग बन गया। पृथ्वीराज चौहान के कन्नौज के गहड़वाल शासक जयचंद और फिर मुहम्मद गोरी के साथ हुए संघर्षों में दिल्ली की सुरक्षा का महत्व और बढ़ गया। दादरी, दिल्ली के दक्षिण-पूर्व में स्थित होने के कारण, एक महत्वपूर्ण रणनीतिक बिंदु था। यहाँ से गुजरने वाले मार्गों पर चौहानों का कड़ा नियंत्रण रहता था। इस क्षेत्र के राजपूत, गुर्जर और जाट योद्धा पृथ्वीराज चौहान की सेना में भर्ती होकर अपनी मातृभूमि की रक्षा के लिए लड़े। तराइन के युद्धों (1191 एवं 1192 ईस्वी) में, जब दिल्ली की अस्मिता दांव पर थी, दादरी क्षेत्र के वीरों ने निश्चित रूप से पृथ्वीराज चौहान के झंडे तले विदेशी आक्रांता मुहम्मद गोरी के विरुद्ध अपने शौर्य का प्रदर्शन किया। यद्यपि तराइन के द्वितीय युद्ध में पृथ्वीराज की पराजय हुई, किन्तु इस क्षेत्र में प्रतिरोध की भावना जीवित रही।

इस संपूर्ण राजपूत काल में दादरी क्षेत्र में एक विशिष्ट सामंती सामाजिक संरचना विद्यमान थी। स्थानीय राजपूत सरदार, गुर्जर मुखिया और जाट चौधरी

अपने-अपने प्रभाव क्षेत्रों में अर्ध-स्वतंत्र शासकों की भांति कार्य करते थे, जो केंद्रीय सत्ता (तोमर या चौहान) को राजस्व और सैन्य सहायता प्रदान करते थे। ग्रामीण जीवन कृषि और पशुपालन पर आधारित था, और लोक परंपराओं तथा स्थानीय देवी-देवताओं की पूजा का प्रचलन था।

2. दिल्ली सल्तनत का आधिपत्य: दादरी पर प्रत्यक्ष नियंत्रण और आर्थिक दोहन (1206 ईस्वी – 1526 ईस्वी)

मुहम्मद गोरी की विजय के उपरांत कुतुबुद्दीन ऐबक द्वारा 1206 ईस्वी में दिल्ली सल्तनत की स्थापना ने उत्तर भारत के राजनीतिक मानचित्र को स्थायी रूप से बदल दिया। दादरी, दिल्ली के इतने निकट होने के कारण, सल्तनत के प्रत्यक्ष प्रशासनिक नियंत्रण में आ गया और राजधानी की आवश्यकताओं की पूर्ति करने वाला एक महत्वपूर्ण क्षेत्र बन गया।

प्रशासनिक एकीकरण और इक्ता व्यवस्था का प्रभाव

गुलाम, खिलजी, तुगलक, सैयद और लोधी वंशों के शासनकाल में दादरी क्षेत्र को विभिन्न प्रशासनिक इकाइयों, जैसे 'इक्ता' या बाद में 'परगना', में संगठित किया गया। इक्ता प्रणाली के अंतर्गत, सैन्य अधिकारियों और अमीरों को वेतन के बदले भूमि का राजस्व अधिकार दिया जाता था। दादरी क्षेत्र के अनेक गाँव विभिन्न इक्तादारों को आवंटित किए गए, जो यहाँ से भू-राजस्व वसूलते थे। इसका सीधा प्रभाव स्थानीय किसानों पर पड़ा, जिन्हें अब एक केंद्रीकृत और अधिक संगठित राजस्व व्यवस्था का सामना करना पड़ रहा था।

अलाउद्दीन खिलजी की राजस्व नीतियाँ और दादरी के किसान

अलाउद्दीन खिलजी (1296-1316 ईस्वी) ने अपनी बाजार नियंत्रण और भू-राजस्व सुधारों के अंतर्गत भूमि की पैमाइश (मसाहत) करवाई और उपज का लगभग आधा हिस्सा भू-राजस्व के रूप में निर्धारित किया। दोआब क्षेत्र, अपनी उर्वरता के कारण, इन कठोर राजस्व मांगों का प्रमुख लक्ष्य बना। दादरी क्षेत्र के किसानों को भी इस भारी कर-भार को वहन करना पड़ा। यद्यपि खिलजी के बाजार नियंत्रण से वस्तुओं के मूल्य स्थिर रहे, किन्तु किसानों की आर्थिक स्थिति पर अत्यधिक दबाव पड़ा।

तुगलककालीन प्रयोग और दादरी क्षेत्र की स्थिति

मुहम्मद बिन तुगलक (1325-1351 ईस्वी) की विवादास्पद योजनाओं, जैसे दोआब में कर वृद्धि, का प्रत्यक्ष और नकारात्मक प्रभाव दादरी क्षेत्र पर पड़ा। पहले से ही भारी करों के बोझ तले दबे किसानों के लिए यह अतिरिक्त वृद्धि असहनीय हो गई, जिसके परिणामस्वरूप इस क्षेत्र में भी किसान विद्रोह हुए, जिन्हें सुल्तान

ने निर्दयतापूर्वक कुचल दिया। फिरोजशाह तुगलक (1351-1388 ईस्वी) ने कृषि सुधारों और नहरों के निर्माण पर ध्यान दिया। उसके द्वारा पश्चिमी यमुना नहर के पुनर्निर्माण और अन्य छोटी नहरों के निर्माण से दादरी और आसपास के क्षेत्रों की सिंचाई व्यवस्था में कुछ सुधार अवश्य हुआ, जिससे कृषि उत्पादन को लाभ पहुँचा।

स्थानीय अधिकारी और ग्रामीण समाज

सल्तनत काल में स्थानीय स्तर पर भू-राजस्व वसूली और प्रशासन में 'मुकद्दम' (ग्राम प्रधान), 'चौधरी' (परगना या कई गाँवों का प्रमुख) और 'पटवारी' (भूमि का लेखा-जोखा रखने वाला) जैसे वंशानुगत अधिकारियों की महत्वपूर्ण भूमिका बनी रही। दादरी क्षेत्र में भी ये स्थानीय अभिजात वर्ग सल्तनत के अधिकारियों और किसानों के बीच मध्यस्थ का कार्य करते थे। कई बार ये अपनी शक्ति का दुरुपयोग भी करते थे और किसानों का शोषण करते थे।

3. तैमूर का आक्रमण: दादरी क्षेत्र पर कहर (1398 ईस्वी)

चौदहवीं शताब्दी के अंत में दिल्ली सल्तनत की दुर्बलता का लाभ उठाकर मध्य एशियाई आक्रमणकारी अमीर तैमूर ने भारत पर एक विनाशकारी आक्रमण किया। 1398 ईस्वी में उसकी सेनाओं ने दिल्ली और उसके आसपास के क्षेत्रों में जो लूटपाट, नरसंहार और तबाही मचाई, वह भारतीय इतिहास का एक काला अध्याय है।

दोआब में विनाश और दादरी की त्रासदी

तैमूर की सेनाएँ दिल्ली की ओर बढ़ते हुए और वहाँ से वापस लौटते हुए मेरठ, बुलंदशहर, बागपत और यमुना-हिंडन दोआब के अन्य क्षेत्रों से गुजरीं। दादरी, इसी मार्ग पर या उसके अत्यंत निकट स्थित होने के कारण, तैमूर के कहर से बच नहीं सका। यद्यपि तैमूर के अपने विवरणों (तुजुक-ए-तैमूरी) में दादरी का प्रत्यक्ष नामोल्लेख दुर्लभ है, किन्तु उसके द्वारा वर्णित मार्ग और दोआब क्षेत्र में की गई व्यापक तबाही यह स्पष्ट करती है कि दादरी और उसके आसपास के गाँव भी इस विनाशलीला का शिकार हुए। तैमूर की सेनाओं ने खड़ी फसलों को रौंद डाला, गाँवों में आग लगा दी, मवेशियों को छीन लिया और हजारों पुरुषों, महिलाओं और बच्चों को या तो मार डाला या दास बना लिया। इस आक्रमण ने दादरी क्षेत्र की कृषि अर्थव्यवस्था को पूरी तरह चौपट कर दिया और यहाँ एक लंबे समय तक भुखमरी, महामारी और अराजकता का माहौल बना रहा। केंद्रीय सत्ता के ध्वस्त हो जाने से स्थानीय स्तर पर कानून-व्यवस्था समाप्त हो गई।

4. सैयद एवं लोधी वंश: राजनीतिक अस्थिरता और दादरी (1414 ईस्वी – 1526 ईस्वी)

तैमूर के आक्रमण ने दिल्ली सल्तनत की कमर तोड़ दी थी। सैयद वंश (1414-1451 ईस्वी) के शासक अत्यंत दुर्बल थे और उनका नियंत्रण दिल्ली के आसपास के कुछ ही क्षेत्रों तक सीमित था। इस काल में दादरी और दोआब का यह क्षेत्र निरंतर अशांति और विद्रोहों का केंद्र बना रहा। स्थानीय जमींदार और राजपूत, गुर्जर व जाट सरदार केंद्रीय सत्ता की कमजोरी का लाभ उठाकर स्वतंत्र रूप से व्यवहार करने लगे और राजस्व देने में आनाकानी करने लगे।

लोधी वंश (1451-1526 ईस्वी) के अफगान शासकों, विशेषकर बहलोल लोधी और सिकंदर लोधी, ने सल्तनत को पुनर्जीवित करने और दोआब क्षेत्र पर अपना नियंत्रण पुनः स्थापित करने का प्रयास किया। सिकंदर लोधी ने कृषि सुधारों पर ध्यान दिया और भू-राजस्व व्यवस्था को सुचारू करने की कोशिश की। उसने आगरा को अपनी दूसरी राजधानी बनाया, जिससे दिल्ली-आगरा मार्ग पर स्थित दादरी क्षेत्र का सामरिक महत्व पुनः बढ़ गया। तथापि, लोधी सुल्तानों को भी अफगान अमीरों की महत्वाकांक्षाओं और स्थानीय सरदारों के प्रतिरोध का सामना करना पड़ा। इब्राहिम लोधी के काल में यह असंतोष और बढ़ गया, जिसने बाबर के आक्रमण का मार्ग प्रशस्त किया।

5. मुगल साम्राज्य की स्थापना: दादरी एक नए प्रशासनिक ढांचे में (1526 ईस्वी से)

1526 ईस्वी में पानीपत के प्रथम युद्ध में बाबर की विजय ने भारत में मुगल साम्राज्य की नींव डाली। दिल्ली और आगरा पर अधिकार के साथ ही दादरी क्षेत्र भी मुगल नियंत्रण में आ गया।

शेरशाह सूरी के सुधार और दादरी पर प्रभाव

बाबर और हुमायूँ के प्रारंभिक शासन के बाद, शेरशाह सूरी (1540-1545 ईस्वी) के अल्पकालीन किन्तु अत्यंत प्रभावशाली शासन ने उत्तर भारत की प्रशासनिक और आर्थिक व्यवस्था में युगांतकारी परिवर्तन किए। शेरशाह ने सड़कों का जाल बिछवाया, जिनमें 'सड़क-ए-आजम' (ग्रैंड ट्रंक रोड) प्रमुख थी, जो इस क्षेत्र के निकट से गुजरती थी। उसने सरायों का निर्माण करवाया, मुद्रा प्रणाली में सुधार किया और एक न्यायपूर्ण भू-राजस्व व्यवस्था लागू की। भूमि की पैमाइश करवाकर उपज के आधार पर लगान निर्धारित किया गया। इन सुधारों का सकारात्मक प्रभाव दादरी क्षेत्र की कृषि, व्यापार और संचार व्यवस्था पर भी पड़ा। किसानों को एक स्थिर और अपेक्षाकृत न्यायपूर्ण राजस्व प्रणाली मिली।

अकबरकालीन सुव्यवस्था: दादरी एक 'परगना'

अकबर (1556-1605 ईस्वी) के सुदीर्घ और कुशल शासनकाल में मुगल साम्राज्य अपने चरमोत्कर्ष पर पहुँचा। अकबर ने एक केंद्रीकृत और सुव्यवस्थित प्रशासनिक प्रणाली स्थापित की। साम्राज्य को सूबों (प्रांतों), सूबों को सरकारों (जिलों) और सरकारों को परगनों (तहसीलों) में विभाजित किया गया। ऐतिहासिक साक्ष्यों के अनुसार, अकबर के शासनकाल में दादरी को एक 'परगना' का दर्जा प्राप्त था। यह 'दिल्ली सूबे' के अंतर्गत 'सरकार दिल्ली' का एक महत्वपूर्ण परगना था। 'आइन-ए-अकबरी' में दादरी परगने का उल्लेख मिलता है, जिससे यहाँ की अनुमानित जमा (भू-राजस्व) और सैन्य दायित्वों (घुड़सवार और पैदल सैनिक) की जानकारी मिलती है।

दादरी का परगना मुख्यालय होना इसके स्थानीय प्रशासनिक महत्व को दर्शाता है। यहाँ शिकदार (कानून-व्यवस्था एवं सैन्य प्रमुख), आमिल या अमलगुजार (भू-राजस्व अधिकारी), फोतदार (खजांची), कानूनगो (भूमि का लेखा-जोखा रखने वाला) और काजी (न्यायिक अधिकारी) जैसे मुगल अधिकारी नियुक्त होते थे। अकबर की 'दहसाला' या 'जब्ती' प्रणाली, जो एक सुविचारित भू-राजस्व व्यवस्था थी, दादरी परगना में भी लागू की गई। इससे कृषि उत्पादन को प्रोत्साहन मिला और राज्य की आय में स्थिरता आई।

6. मुगलकालीन स्थानीय सत्ता संरचना और ग्रामीण जीवन

मुगल काल में दादरी परगना में केंद्रीय मुगल सत्ता के साथ-साथ स्थानीय सत्ता संरचनाएँ भी प्रभावी थीं।

दादरी के जमींदार, चौधरी और ग्रामीण अभिजात वर्ग

दादरी परगना में अनेक प्रभावशाली जमींदार और चौधरी थे, जो प्रायः राजपूत, गुर्जर और जाट समुदायों से संबंधित थे। इन जमींदारों के पास भूमि पर वंशानुगत अधिकार होते थे और वे किसानों से भू-राजस्व वसूल कर मुगल अधिकारियों को जमा कराते थे। इसके बदले उन्हें राजस्व का एक निश्चित हिस्सा (नंकर या हक-ए-जमींदारी) और कुछ अन्य सुविधाएँ प्राप्त होती थीं। ये स्थानीय अभिजात वर्ग ग्रामीण समाज में अत्यंत शक्तिशाली थे और मुगल प्रशासन तथा स्थानीय किसानों के बीच महत्वपूर्ण कड़ी का कार्य करते थे। वे स्थानीय स्तर पर न्याय और कानून-व्यवस्था बनाए रखने में भी सहायता करते थे। कई बार इन जमींदारों के पास अपनी छोटी-छोटी सशस्त्र टुकड़ियाँ भी होती थीं।

औरंगजेब की नीतियाँ और दादरी क्षेत्र में असंतोष

औरंगजेब (1658-1707 ईस्वी) की धार्मिक असहिष्णुता की नीतियों, जैसे जजिया कर पुनः लगाना, और उसकी कठोर राजस्व मांगों के कारण मुगल साम्राज्य के विभिन्न भागों में व्यापक असंतोष उत्पन्न हुआ। दोआब क्षेत्र, जिसमें दादरी स्थित है, भी इससे अछूता नहीं रहा। इस क्षेत्र के जाट, गुर्जर और अन्य कृषक समुदायों ने औरंगजेब की नीतियों का मुखर विरोध किया। मथुरा और आगरा क्षेत्र में जाटों का विद्रोह (गोकुला, राजाराम, चूड़ामन के नेतृत्व में) अत्यंत शक्तिशाली था, और इसका प्रभाव दादरी क्षेत्र तक भी पहुँचा। स्थानीय जमींदारों और किसानों ने भी मुगल अधिकारियों के अत्याचारों और भारी करों के विरुद्ध समय-समय पर प्रतिरोध किया। औरंगजेब के शासनकाल के अंतिम वर्षों तक दादरी क्षेत्र में भी मुगल सत्ता का प्रभाव क्षीण होने लगा था।

7. क्षेत्रीय शक्तियों का उदय: दादरी में जाट एवं गुर्जरों का बढ़ता प्रभाव (18वीं शताब्दी)

औरंगजेब की मृत्यु (1707 ईस्वी) के पश्चात् मुगल साम्राज्य का पतन तीव्र गति से हुआ। केंद्रीय सत्ता के कमजोर पड़ते ही दिल्ली के आसपास के क्षेत्रों में जाट और गुर्जर जैसी योद्धा कृषक जातियों ने अपनी शक्ति का तेजी से विस्तार किया।

जाट और गुर्जरों का प्रभुत्व

भरतपुर के जाट शासकों, विशेषकर बदन सिंह और महाराजा सूरजमल, ने दिल्ली के दक्षिण और पूर्व में एक शक्तिशाली जाट राज्य स्थापित किया, जिसका प्रभाव दादरी क्षेत्र तक विस्तृत था। उन्होंने मुगल अधिकारियों को खदेड़ दिया और अपने नियंत्रण वाले क्षेत्रों से स्वयं राजस्व वसूलना आरंभ कर दिया। इसी प्रकार, दादरी और आसपास के गुर्जर सरदारों ने भी अपनी शक्ति बढ़ाई। वे अक्सर मुगल कारवानों और खजानों को लूट लेते थे और स्थानीय स्तर पर अपना प्रभुत्व स्थापित करने का प्रयास करते थे। इस काल में दादरी क्षेत्र जाटों, गुर्जरों, रुहेलों और मराठों जैसी विभिन्न शक्तियों के बीच संघर्ष का अखाड़ा बन गया। स्थानीय किसानों और व्यापारियों को इस निरंतर अशांति और लूटपाट का खामियाजा भुगतना पड़ा।

इस प्रकार, मध्ययुगीन काल दादरी क्षेत्र के लिए निरंतर परिवर्तन, संघर्ष और अनुकूलन का काल रहा। दिल्ली सल्तनत और मुगल साम्राज्य जैसी बड़ी शक्तियों के अधीन रहते हुए भी, यहाँ की स्थानीय सत्ता संरचनाओं और सामाजिक ताने-बाने ने अपनी एक विशिष्ट पहचान बनाए रखी। यह क्षेत्र न केवल राजधानी के लिए एक महत्वपूर्ण कृषि आधार और सैन्य भर्ती केंद्र बना रहा, बल्कि इसने

विभिन्न सांस्कृतिक प्रभावों को आत्मसात करते हुए अपनी एक जीवंत लोक परंपरा को भी विकसित किया। 18वीं शताब्दी की राजनीतिक अराजकता ने इस क्षेत्र को गहरे रूप से प्रभावित किया और आने वाले ब्रिटिश शासन के लिए पृष्ठभूमि तैयार की।

3

अध्याय 3: 1857 का महासमर - दादरी के अमर बलिदानी

सन् अठारह सौ सत्तावन। भारतीय इतिहास के कालचक्र में यह वर्ष एक ऐसे प्रलयंकारी महासमर का उद्घोष बनकर आया, जिसने न केवल ब्रिटिश ईस्ट इंडिया कंपनी के तथाकथित अपराजेय साम्राज्य की नींव को झकझोर कर रख दिया, बल्कि भारत की सुप्त पड़ी राष्ट्रीय चेतना को भी एक नई, प्रखर जागृति प्रदान की। यह कोई आकस्मिक सैन्य विद्रोह मात्र नहीं था, जैसा कि अंग्रेज इतिहासकारों ने इसे चित्रित करने का प्रयास किया, अपितु यह कंपनी के लगभग एक शताब्दी के अन्यायी, शोषक और भारतीय स्वाभिमान को कुचलने वाले शासन के विरुद्ध जन-मानस में धीरे-धीरे सुलगते हुए असंतोष का एक ज्वालामुखी विस्फोट था। मेरठ की छावनी से 10 मई को उठी विद्रोह की यह पहली चिंगारी, देखते ही देखते एक ऐसे दावानल में परिवर्तित हो गई, जिसने उत्तर और मध्य भारत के एक विशाल भू-भाग को अपनी लपेट में ले लिया। दिल्ली के सिंहद्वार पर स्थित दादरी और उसके चतुर्दिक फैला यह वीर-प्रसविनी भूमि, जो अपनी उर्वरता के साथ-साथ अपने निवासियों के अदम्य साहस और स्वाभिमान के लिए भी जानी जाती थी, इस महासमर के आह्वान से भला कैसे अछूती रह सकती थी? यहाँ के रणबांकुरों ने, विशेष रूप से इस माटी के अमर सपूत, महान क्रांतिकारी राव उमराव सिंह भाटी के ओजस्वी नेतृत्व में, जिस अद्वितीय शौर्य,

संगठन-कौशल और आत्मबलिदान का परिचय दिया, वह भारतीय स्वतंत्रता संग्राम के इतिहास में स्वर्णाक्षरों में अंकित है। यह अध्याय उन्हीं विस्मृत और अविस्मरणीय बलिदानियों की शौर्यगाथा को, उनके संघर्षों को और उनकी अमर कीर्ति को समर्पित है, जिन्होंने दादरी की मिट्टी को अपने रक्त से सींचकर स्वतंत्रता की अलख जगाई।

1. क्रांति की पृष्ठभूमि: दादरी क्षेत्र में अंग्रेजी हुकूमत के विरुद्ध धधकता असंतोष

1857 के महाविद्रोह के जो व्यापक राजनीतिक, आर्थिक, सामाजिक, धार्मिक और सैनिक कारण संपूर्ण भारत में विद्यमान थे, उनकी आंच दादरी क्षेत्र को भी अपने विशिष्ट संदर्भों में झुलसा रही थी। ईस्ट इंडिया कंपनी की नीतियों ने यहाँ के परंपरागत सामाजिक-आर्थिक ताने-बाने को छिन्न-भिन्न कर दिया था, और जनसामान्य में एक गहरा विक्षोभ पनप रहा था।

भू-राजस्व नीतियों का कहर: दादरी के किसानों की दुर्दशा

दादरी परगना, अपनी अत्यंत उपजाऊ भूमि के कारण, कंपनी के लिए राजस्व का एक महत्वपूर्ण स्रोत था। कंपनी द्वारा लागू की गई कठोर भू-राजस्व व्यवस्थाओं, जैसे महालवाड़ी बंदोबस्त के अंतर्गत, लगान की दरें अत्यधिक ऊँची थीं और वसूली अत्यंत निर्ममता से की जाती थी। फसल अच्छी हो या खराब, किसानों को निर्धारित लगान चुकाना ही पड़ता था। लगान अदा न कर पाने की स्थिति में उनकी पुश्तैनी जमीनें नीलाम कर दी जाती थीं, और वे साहूकारों के चंगुल में फँसकर अपनी स्वतंत्रता खो बैठते थे। दादरी और उसके आसपास के गाँवों के हजारों किसान परिवार इस शोषण चक्र में पिस रहे थे। उनकी समृद्ध खेती अब उनके लिए अभिशाप बन चुकी थी। कंपनी के अधिकारी और स्थानीय कारिंदे भी किसानों पर नाना प्रकार के अत्याचार करते थे, जिससे उनमें अंग्रेजी हुकूमत के प्रति तीव्र घृणा उत्पन्न हो गई थी।

स्थानीय अभिजात वर्ग में असंतोष: अधिकारों का हनन

कंपनी की नीतियों ने न केवल किसानों को, बल्कि दादरी क्षेत्र के परंपरागत स्थानीय अभिजात वर्ग, जैसे राजपूत, गुर्जर और जाट जमींदारों तथा चौधरियों को भी बुरी तरह प्रभावित किया था। अनेक पुराने जमींदार परिवारों से उनकी जमीनें छीन ली गई थीं या उनके परंपरागत अधिकारों को सीमित कर दिया गया था। नए भूमि बंदोबस्त ने कई बाहरी लोगों और व्यापारियों को भूमि का स्वामी बना दिया था, जिससे स्थानीय सत्ता समीकरण बदल गए थे और परंपरागत अभिजात वर्ग में भारी असंतोष था। ये वर्ग अपनी खोई हुई प्रतिष्ठा और अधिकारों को पुनः प्राप्त

करने के लिए अवसर की तलाश में थे।

सामाजिक-धार्मिक हस्तक्षेप की आशंकाएँ

अंग्रेजों द्वारा किए जा रहे कुछ सामाजिक सुधारों, जैसे सती प्रथा उन्मूलन या विधवा पुनर्विवाह को प्रोत्साहन, को भी दादरी के रूढ़िवादी समाज ने अपनी परंपराओं और धार्मिक मान्यताओं में अनावश्यक हस्तक्षेप के रूप में देखा। ईसाई मिशनरियों की धर्म प्रचार गतिविधियों और स्कूलों में पश्चिमी शिक्षा के प्रसार ने भी यह आशंका उत्पन्न कर दी थी कि अंग्रेज उनकी संस्कृति और धर्म को नष्ट करना चाहते हैं। यह भय और संदेह भी विद्रोह की पृष्ठभूमि तैयार कर रहा था।

प्रशासनिक भ्रष्टाचार और न्याय का अभाव

कंपनी का स्थानीय प्रशासन भ्रष्टाचार में लिप्त था। पुलिस और कचहरी में न्याय मिलना लगभग असंभव था। छोटे-छोटे मामलों के लिए भी लोगों को अधिकारियों की जेबें गरम करनी पड़ती थीं। इस अन्यायपूर्ण व्यवस्था ने आम जनता को अंग्रेजी राज से विमुख कर दिया था।

इस प्रकार, 1857 की पूर्व संध्या पर दादरी क्षेत्र का वातावरण बारूद के एक ऐसे ढेर के समान था, जो किसी भी छोटी सी चिंगारी से भड़क सकता था। यहाँ के निवासी, चाहे वे किसान हों, जमींदार हों, या साधारण कारीगर, सभी अंग्रेजी हुकूमत के अंत और एक न्यायपूर्ण स्वशासन की स्थापना के लिए मन ही मन प्रार्थना कर रहे थे।

2. मेरठ विद्रोह की ज्वाला एवं उसका प्रसार: दादरी तक पहुँचती क्रांति की लपटें

10 मई, 1857 को मेरठ छावनी में भारतीय सिपाहियों द्वारा चर्बी वाले कारतूसों के विरुद्ध किया गया विद्रोह, उस चिंगारी के समान था जिसने संपूर्ण उत्तर भारत में क्रांति की आग लगा दी। मेरठ, दादरी से बहुत अधिक दूर नहीं था (लगभग 60-70 किलोमीटर उत्तर-पूर्व में)। विद्रोह की खबरें अत्यंत तेजी से आसपास के क्षेत्रों में फैलने लगीं।

मेरठ से दिल्ली: क्रांति का पहला चरण

मेरठ के विद्रोही सिपाहियों ने अपने अंग्रेज अधिकारियों को मारकर, जेल तोड़कर अपने साथियों को मुक्त करा लिया और "मारो फिरंगी को" का उद्घोष करते हुए दिल्ली की ओर प्रस्थान किया। 11 मई को वे दिल्ली पहुँचे और लाल किले पर अधिकार कर अंतिम मुगल बादशाह बहादुर शाह जफर को अपना नेता और भारत का सम्राट घोषित कर दिया। दिल्ली पर क्रांतिकारियों का कब्जा एक युगांतकारी घटना थी, जिसने संपूर्ण देश में विद्रोह को एक नई दिशा और प्रेरणा

प्रदान की।

दादरी क्षेत्र में क्रांति की पहली दस्तक

मेरठ और दिल्ली में घटित हो रही इन सनसनीखेज घटनाओं की सूचनाएँ, यात्रियों, व्यापारियों, और संदेशवाहकों के माध्यम से, कुछ ही दिनों में दादरी और उसके आसपास के गाँवों, जैसे छौलस, ऊँचा अमीरपुर, धूम मानिकपुर, तिलपता, कसना, इत्यादि तक पहुँच गई। यह खबर जंगल की आग की तरह फैली। पहले से ही असंतोष की आग में जल रहे इस क्षेत्र के लोगों के लिए यह एक संकेत था कि अंग्रेजी राज का अंत अब निकट है। गाँवों की चौपालों पर, खेतों में और हाट-बाजारों में लोग एकत्रित होकर इन घटनाओं पर चर्चा करने लगे। एक अनिश्चितता, उत्तेजना और प्रत्याशा का माहौल बन गया।

स्वतःस्फूर्त प्रतिरोध की पहली लहर

मेरठ और दिल्ली की घटनाओं से प्रेरित होकर, दादरी क्षेत्र में भी अंग्रेजी शासन के विरुद्ध स्वतःस्फूर्त प्रतिरोध की घटनाएँ आरंभ हो गईं। कुछ स्थानों पर किसानों ने लगान देने से इनकार कर दिया। स्थानीय पुलिस चौकियों और तहसील कार्यालयों पर हमले किए गए। अंग्रेजी शासन के समर्थक माने जाने वाले महाजनों और बनियों को भी लूटा गया। टेलीग्राफ लाइनें, जो अंग्रेजों के लिए संचार का प्रमुख साधन थीं, काट दी गईं ताकि वे एक-दूसरे से संपर्क न साध सकें। इस प्रारंभिक चरण में, यह प्रतिरोध काफी हद तक असंगठित था, किन्तु यह उस गहरे गुस्से और स्वतंत्रता की आकांक्षा का प्रतीक था जो इस क्षेत्र के लोगों के मन में पल रही थी। इसी उथल-पुथल और जन-उभार के बीच दादरी की मिट्टी ने एक ऐसे नायक को जन्म दिया, जिसने इस असंगठित प्रतिरोध को एक संगठित क्रांति का स्वरूप प्रदान किया – वह थे राव उमराव सिंह भाटी।

3. राव उमराव सिंह भाटीः दादरी के सिंह का उदय और क्रांति का नेतृत्व

जब 1857 की क्रांति की ज्वाला मेरठ और दिल्ली से होती हुई दादरी क्षेत्र तक पहुँची, तो यहाँ के जनमानस को एक ऐसे नेतृत्व की आवश्यकता थी जो उनके असंतोष को एक संगठित शक्ति में परिवर्तित कर सके और अंग्रेजी हुकूमत को प्रभावी चुनौती दे सके। यह ऐतिहासिक भूमिका निभाने का श्रेय दादरी के वीर सपूत राव उमराव सिंह भाटी को जाता है, जिन्हें इस क्षेत्र की जनता ने अपने 'राजा' के रूप में स्वीकार किया और जिनके नेतृत्व में हजारों रणबांकुरों ने स्वतंत्रता के महायज्ञ में अपनी आहुति दी।

पारिवारिक पृष्ठभूमि एवं प्रारंभिक जीवनः शौर्य और स्वाभिमान की विरासत

राव उमराव सिंह भाटी का जन्म दादरी के एक अत्यंत प्रतिष्ठित और प्रभावशाली भाटी राजपूत जमींदार परिवार में हुआ था। भाटी राजपूत अपनी अदम्य वीरता, दृढ़ संकल्प और स्वाभिमान की रक्षा के लिए सर्वस्व न्योछावर कर देने की परंपरा के लिए इतिहास में प्रसिद्ध रहे हैं। उनके पूर्वज मूलतः राजस्थान के जैसलमेर क्षेत्र से संबंधित माने जाते हैं, और कालांतर में उनकी शाखाएँ उत्तर भारत के विभिन्न भागों में फैल गईं। दादरी क्षेत्र में भाटी राजपूतों की कई बस्तियाँ थीं और उनका सामाजिक-राजनीतिक दबदबा था।

कुछ ऐतिहासिक विवरणों और स्थानीय जनश्रुतियों के अनुसार, राव उमराव सिंह का मुख्य निवास स्थान दादरी के निकट स्थित ग्राम छौलस था, जो उस समय एक महत्वपूर्ण भाटी राजपूत केंद्र था। अन्य मतों के अनुसार, वे दादरी कस्बे के ही एक प्रमुख जमींदार परिवार से थे। उनके परिवार के पास एक बड़ी जमींदारी थी, जिसमें अनेक गाँव सम्मिलित थे, और वे क्षेत्र के सम्मानित व्यक्तियों में गिने जाते थे। उनका बचपन और युवावस्था शौर्यपूर्ण वातावरण में बीती। उन्हें घुड़सवारी, तलवारबाजी, तीरंदाजी और अन्य शस्त्र विद्याओं में गहन प्रशिक्षण प्राप्त था। वे न केवल शारीरिक रूप से बलवान और साहसी थे, बल्कि उनमें नैसर्गिक नेतृत्व क्षमता, न्यायप्रियता और अपनी प्रजा के प्रति गहन स्नेह का भाव भी था। अंग्रेजी शासन द्वारा किसानों और आम जनता पर किए जा रहे अत्याचारों को देखकर उनका हृदय व्यथित होता था, और वे इस अन्यायपूर्ण व्यवस्था को समाप्त करने के लिए संकल्पित थे।

क्रांति का आह्वान और जनसंगठन: एक अजेय शक्ति का निर्माण

जैसे ही मेरठ और दिल्ली में क्रांति का शंखनाद हुआ, राव उमराव सिंह ने स्थिति की गंभीरता और अवसर की महत्ता को तुरंत पहचान लिया। उन्होंने यह अनुभव किया कि यदि इस जन-आक्रोश को सही दिशा और नेतृत्व प्रदान किया जाए, तो अंग्रेजी हुकूमत को इस क्षेत्र से उखाड़ फेंका जा सकता है। उन्होंने सर्वप्रथम अपने भाटी राजपूत बंधुओं और अन्य विश्वस्त साथियों को संगठित किया। फिर वे घोड़े पर सवार होकर दादरी परगना के गाँव-गाँव घूमे। उन्होंने अपनी ओजस्वी वाणी और प्रभावशाली व्यक्तित्व से किसानों, मजदूरों, स्थानीय जमींदारों, राजपूत, गुर्जर, जाट, मेव और अन्य सभी समुदायों के युवकों को विदेशी शासन के विरुद्ध सशस्त्र संघर्ष के लिए ललकारा।

उनके आह्वान में एक ऐसी सच्चाई और प्रेरणा थी कि हजारों लोग, अपने परंपरागत हथियार – लाठी, भाला, फरसा, तलवार, और कुछेक के पास बंदूकें – लेकर उनके झंडे के नीचे एकत्र होने लगे। उन्होंने विभिन्न गाँवों में गुप्त सभाएँ

कीं, क्रांति की योजनाएँ बनाईं और अपने अनुयायियों को सैन्य प्रशिक्षण देना आरंभ किया। उन्होंने एक छोटी किन्तु सुसंगठित सेना का निर्माण किया, जिसमें घुड़सवार दस्ते भी थे और पैदल सैनिक भी। इस सेना में न केवल अनुभवी योद्धा थे, बल्कि वे साधारण किसान भी थे जो अपनी मातृभूमि की स्वतंत्रता के लिए मर-मिटने को तैयार थे। राव उमराव सिंह ने विभिन्न जाति-धर्मों के लोगों को एकता के सूत्र में पिरोकर एक ऐसी अजेय शक्ति का निर्माण किया, जिसने अंग्रेजी हुकूमत के होश उड़ा दिए।

दादरी परगना में स्वतंत्र सत्ता की घोषणा और प्रारंभिक कार्रवाइयाँ

संगठन कार्य पूर्ण होने के पश्चात्, राव उमराव सिंह ने मई 1857 के अंतिम सप्ताह या जून के प्रारंभ में दादरी परगना को अंग्रेजी शासन से स्वतंत्र घोषित कर दिया और स्वयं को इस क्षेत्र का शासक (या राजा) घोषित किया। यह एक अत्यंत साहसिक और महत्वपूर्ण कदम था, जिसने स्थानीय जनता में उत्साह की एक नई लहर दौड़ा दी।

उनकी प्रारंभिक कार्रवाइयाँ अंग्रेजी सत्ता के प्रतीकों को नष्ट करने और उनके स्थानीय समर्थकों को दंडित करने पर केंद्रित थीं:

सरकारी कार्यालयों पर अधिकार: उन्होंने अपने सैनिकों के साथ दादरी स्थित तहसील कार्यालय, पुलिस चौकी और अन्य सरकारी इमारतों पर धावा बोलकर उन पर अधिकार कर लिया। सरकारी खजाने को लूटकर क्रांति के कार्यों के लिए उपयोग में लाया गया। अंग्रेजी शासन के समर्थक अधिकारियों को या तो मार भगाया गया या बंदी बना लिया गया।

सरकारी दस्तावेजों का विनाश: तहसील और अन्य कार्यालयों में रखे गए भूमि-संबंधी और राजस्व रिकॉर्ड, जो अंग्रेजी शोषण के प्रतीक थे, जला दिए गए। इससे किसानों को यह संदेश गया कि अब उन्हें अंग्रेजी कानून और करों से मुक्ति मिल गई है।

संचार व्यवस्था भंग करना: दिल्ली-मेरठ और दिल्ली-आगरा के बीच गुजरने वाली टेलीग्राफ लाइनों को विभिन्न स्थानों पर काट दिया गया, ताकि अंग्रेज अधिकारी एक-दूसरे से संपर्क न कर सकें और उन्हें विद्रोह की सही स्थिति का पता न चल सके। सड़कों पर भी अवरोध उत्पन्न किए गए ताकि अंग्रेजी सेना की आवाजाही बाधित हो।

अंग्रेज समर्थकों को दंडित करना: जो स्थानीय साहूकार, बनिये या मुखबिर अंग्रेजी शासन के समर्थक थे और जनता का शोषण करते थे, उन्हें दंडित किया गया। उनकी संपत्ति जब्त कर ली गई या गरीबों में बाँट दी गई।

राव उमराव सिंह की इन कार्रवाइयों से दादरी और उसके आसपास के लगभग 84 गाँवों (चौरासी माल) पर उनका पूर्ण नियंत्रण स्थापित हो गया। उन्होंने एक समानांतर स्थानीय प्रशासन स्थापित करने का भी प्रयास किया, जिसमें न्याय व्यवस्था और राजस्व वसूली का कार्य भारतीय परंपराओं के अनुसार किया जाता था। उनका प्रभाव बुलंदशहर, सिकंदराबाद और गुलावठी तक फैल गया।

4. क्रांति की प्रमुख घटनाएँ एवं संघर्ष: दादरी क्षेत्र में जन-जन का संग्राम

राव उमराव सिंह भाटी द्वारा दादरी परगना में स्वतंत्र सत्ता की घोषणा के साथ ही यह क्षेत्र 1857 के महासमर का एक महत्वपूर्ण केंद्र बन गया। यह संघर्ष केवल राव उमराव सिंह या उनके कुछ सैनिकों तक सीमित नहीं रहा, बल्कि यह एक सच्चा जन-संग्राम बन गया, जिसमें दादरी और उसके आसपास के गाँवों के प्रत्येक घर से लोगों ने अपनी क्षमतानुसार योगदान दिया। किसानों ने अपने हल छोड़कर हथियार उठा लिए, महिलाओं ने क्रांतिकारियों को रसद पहुँचाई, और स्थानीय कारीगरों ने उनके लिए हथियार और अन्य आवश्यक सामग्री तैयार की।

सिकंदराबाद और बुलंदशहर की ओर कूच: क्रांति का विस्तार

दादरी में अपनी स्थिति सुदृढ़ करने के पश्चात्, राव उमराव सिंह ने क्रांति का विस्तार आसपास के क्षेत्रों में करने का निर्णय लिया। उनका पहला लक्ष्य सिकंदराबाद था, जो एक महत्वपूर्ण तहसील मुख्यालय और व्यापारिक केंद्र था। जून 1857 के प्रारंभ में, उन्होंने अपनी सेना के साथ सिकंदराबाद पर आक्रमण किया। वहाँ तैनात छोटी सी अंग्रेजी टुकड़ी और पुलिस बल ने कुछ प्रतिरोध किया, किन्तु क्रांतिकारियों के अदम्य साहस के समक्ष वे टिक न सके। सिकंदराबाद पर राव उमराव सिंह का अधिकार हो गया। यहाँ भी सरकारी खजाना लूटा गया और अंग्रेजी शासन के प्रतीकों को नष्ट किया गया।

सिकंदराबाद विजय से क्रांतिकारियों का मनोबल और बढ़ा। इसके पश्चात् राव उमराव सिंह ने बुलंदशहर, जो जिला मुख्यालय था, की ओर ध्यान केंद्रित किया। बुलंदशहर पर अधिकार करना सामरिक दृष्टि से अत्यंत महत्वपूर्ण था, क्योंकि इससे दिल्ली-मेरठ मार्ग पर क्रांतिकारियों का पूर्ण नियंत्रण स्थापित हो सकता था। उन्होंने बुलंदशहर के आसपास के अन्य विद्रोही नेताओं, जैसे मालागढ़ के नवाब वलीदाद खान (जो बहादुर शाह जफर के रिश्तेदार भी थे) और स्थानीय गुर्जर तथा राजपूत सरदारों से संपर्क साधा। एक संयुक्त रणनीति के तहत बुलंदशहर पर आक्रमण करने की योजना बनाई गई।

अंग्रेजी सेना से मुठभेड़ें: वीरता और बलिदान की कहानियाँ

अंग्रेजों के लिए दिल्ली के इतने निकट, दादरी-सिकंदराबाद-बुलंदशहर क्षेत्र में एक शक्तिशाली विद्रोही केंद्र का उभरना एक गंभीर चुनौती थी। उन्होंने मेरठ, आगरा और दिल्ली (जहाँ वे स्वयं घिरे हुए थे, किन्तु कुछ सेना बाहर भेज पा रहे थे) से सेना की टुकड़ियाँ इस विद्रोह को कुचलने के लिए भेजीं। इसके परिणामस्वरूप, जून से लेकर सितंबर-अक्टूबर 1857 तक इस क्षेत्र में क्रांतिकारियों और अंग्रेजी सेना के बीच अनेक छोटी-बड़ी, किन्तु भीषण मुठभेड़ें हुईं।

गुलावठी का संघर्ष: गुलावठी, जो बुलंदशहर के निकट एक महत्वपूर्ण कस्बा था, भी क्रांतिकारियों का एक केंद्र बन गया। यहाँ राव उमराव सिंह और नवाब वलीदाद खान के सैनिकों ने मिलकर अंग्रेजी सेना का मुकाबला किया। यद्यपि क्रांतिकारियों के पास आधुनिक हथियारों और प्रशिक्षण का अभाव था, तथापि उन्होंने अपने परंपरागत हथियारों और असीम वीरता से अंग्रेजी सेना को कई बार पीछे हटने पर मजबूर कर दिया।

छापामार युद्ध नीति: राव उमराव सिंह और अन्य स्थानीय नेता छापामार युद्ध (गुरिल्ला वारफेयर) में निपुण थे। वे अंग्रेजी सेना की टुकड़ियों पर अचानक हमला करते, उन्हें नुकसान पहुँचाते और फिर तेजी से सुरक्षित स्थानों पर निकल जाते। उन्होंने अंग्रेजी रसद लाइनों को काटना, उनके शिविरों पर रात्रि में आक्रमण करना और उन्हें निरंतर परेशान करने की नीति अपनाई।

स्थानीय समुदायों का अप्रतिम शौर्य: इस संघर्ष में दादरी क्षेत्र के राजपूत, गुर्जर और जाट समुदायों ने जिस वीरता का प्रदर्शन किया, वह अद्वितीय है। ग्राम सीदीपुर के चौधरी हिम्मत सिंह खारी, ग्राम तिलपता के चौधरी रम्मन सिंह खारी, ग्राम कसना के चौधरी गुलाब सिंह कसाना जैसे अनेक स्थानीय गुर्जर वीरों ने अपने सशस्त्र दस्तों के साथ राव उमराव सिंह का कंधे से कंधा मिलाकर साथ दिया। राजपूत युवक अपने परंपरागत शौर्य का प्रदर्शन करते हुए अग्रिम पंक्ति में लड़े, और जाट किसानों ने भी अपनी मातृभूमि की रक्षा के लिए हथियार उठा लिए।

इन मुठभेड़ों में दोनों पक्षों को भारी क्षति उठानी पड़ी। सैकड़ों क्रांतिकारी शहीद हुए, किन्तु उनके बलिदान ने अन्य लोगों को संघर्ष जारी रखने की प्रेरणा दी। उन्होंने यह सिद्ध कर दिया कि यदि भारतीय संगठित होकर लड़ें, तो वे अजेय अंग्रेजी सेना को भी पराजित कर सकते हैं।

क्रांतिकारियों का स्थानीय प्रशासन और चुनौतियाँ

जिन क्षेत्रों पर राव उमराव सिंह और अन्य क्रांतिकारी नेताओं का नियंत्रण स्थापित हो गया था, वहाँ उन्होंने एक प्रकार का समानांतर स्थानीय प्रशासन

चलाने का भी प्रयास किया। भू-राजस्व की वसूली भारतीय पद्धति से की जाने लगी, और लगान की दरें कम कर दी गईं। स्थानीय पंचायतों को न्याय करने का अधिकार दिया गया। तथापि, यह कार्य अत्यंत चुनौतीपूर्ण था। निरंतर युद्ध की स्थिति, संसाधनों का अभाव, विभिन्न विद्रोही गुटों के बीच समन्वय की कमी और अंग्रेजों द्वारा फैलाई जा रही अफवाहों के कारण एक स्थिर और प्रभावी प्रशासन स्थापित करना कठिन था। इसके अतिरिक्त, कुछ असामाजिक तत्वों ने भी क्रांति की आड़ में लूटपाट और अराजकता फैलाने का प्रयास किया, जिससे क्रांतिकारियों की छवि धूमिल हुई।

5. राव उमराव सिंह भाटी का बलिदान एवं उनकी अमर शौर्यगाथा: स्वतंत्रता की बलिवेदी पर एक आहुति

सितंबर 1857 में दिल्ली पर अंग्रेजों का पुनः अधिकार हो जाने के पश्चात्, उन्होंने आसपास के विद्रोही क्षेत्रों पर अपना पूरा ध्यान केंद्रित किया। बुलंदशहर और दादरी क्षेत्र, जो क्रांति का एक महत्वपूर्ण गढ़ बन चुका था, अंग्रेजों की प्रतिशोध की अग्नि का प्रमुख लक्ष्य बना। मेजर रीड, कर्नल ग्रेटहेड और विल्सन जैसे अंग्रेज अधिकारियों के नेतृत्व में विशाल और सुसज्जित सेनाएँ इस क्षेत्र में विद्रोह को निर्ममतापूर्वक कुचलने के लिए भेजी गईं।

अंग्रेजों का बर्बर दमन और क्रांतिकारियों का प्रतिरोध

अंग्रेजी सेना ने अत्यंत क्रूरता और बर्बरता का परिचय देते हुए दमन चक्र चलाया। जिन गाँवों ने क्रांति में भाग लिया था, उन्हें जलाकर राख कर दिया गया। निर्दोष ग्रामीणों, महिलाओं और बच्चों पर भी अमानवीय अत्याचार किए गए। सामूहिक फाँसियाँ दी गईं और लोगों को तोपों से उड़ाया गया। इस भीषण दमन के बावजूद, राव उमराव सिंह भाटी और उनके विश्वस्त साथी हिम्मत नहीं हारे। वे सीमित संसाधनों और घटती संख्या के बावजूद अंग्रेजी सेना का वीरतापूर्वक मुकाबला करते रहे। उन्होंने अपनी छापामार युद्ध नीति जारी रखी और अंग्रेजों को भारी क्षति पहुँचाई।

विश्वासघात, गिरफ्तारी और मुकदमाः एक वीर का अंत

निरंतर संघर्षों और अंग्रेजों की बढ़ती ताकत के कारण धीरे-धीरे राव उमराव सिंह की शक्ति क्षीण होने लगी। उनके अनेक वीर साथी शहीद हो चुके थे, और गोला-बारूद तथा रसद की भी भारी कमी हो गई थी। ऐसे कठिन समय में, कुछ देशद्रोही और अंग्रेजों के लालच में आए मुखबिरों ने उनके साथ विश्वासघात किया। कहा जाता है कि इन्हीं में से किसी विश्वासघाती की सूचना पर, जब राव उमराव सिंह अपने कुछ गिने-चुने साथियों के साथ दादरी के निकट किसी गुप्त

स्थान पर (संभवतः किसी जंगल या उजाड़ गढ़ी में) भविष्य की रणनीति बना रहे थे, अंग्रेजी सेना की एक टुकड़ी ने उन्हें चारों ओर से घेर लिया।

राव उमराव सिंह और उनके साथियों ने आत्मसमर्पण करने के बजाय अंतिम सांस तक लड़ने का निर्णय लिया। एक भीषण, किन्तु असमान मुठभेड़ हुई। उनके अधिकांश साथी लड़ते-लड़ते वीरगति को प्राप्त हुए। राव उमराव सिंह स्वयं भी गंभीर रूप से घायल हो गए, किन्तु उन्होंने हार नहीं मानी। अंततः, जब वे लगभग अचेत अवस्था में थे, उन्हें बंदी बना लिया गया। यह घटना संभवतः अक्टूबर या नवंबर 1857 के आसपास घटी।

बंदी बनाने के पश्चात्, घायल अवस्था में ही राव उमराव सिंह पर अंग्रेजी हुकूमत के विरुद्ध बगावत करने, हत्या और लूटपाट करने जैसे गंभीर आरोपों में मुकदमा चलाया गया। यह मुकदमा केवल एक दिखावा था, क्योंकि अंग्रेज अधिकारी उन्हें मृत्युदंड देने का निश्चय पहले ही कर चुके थे। उनका उद्देश्य राव उमराव सिंह को दंडित कर क्षेत्र की जनता में भय उत्पन्न करना था, ताकि भविष्य में कोई भी उनके विरुद्ध सिर उठाने का साहस न कर सके।

बुलंदशहर में फाँसी: एक युग का अंत, एक प्रेरणा का आरंभ

मुकदमे की औपचारिकता पूरी करने के पश्चात्, राव उमराव सिंह भाटी को फाँसी की सजा सुनाई गई। दिसंबर 1857 (विभिन्न स्रोतों में 24, 26 या अन्य तिथियों का उल्लेख मिलता है, किन्तु दिसंबर माह पर आम सहमति है) में, बुलंदशहर में एक सार्वजनिक स्थान पर – कुछ विवरणों के अनुसार काला आम चौराहे पर, कुछ के अनुसार जिला जेल के फाटक पर – उन्हें फाँसी पर लटका दिया गया।

प्रत्यक्षदर्शियों और लोकश्रुतियों के अनुसार, फाँसी के तख्ते पर चढ़ते समय भी राव उमराव सिंह के चेहरे पर अद्भुत शांति, तेज और अपनी मातृभूमि के लिए बलिदान होने का गर्व झलक रहा था। उनके अंतिम शब्द भी देश की स्वतंत्रता और अंग्रेजी हुकूमत के विनाश के लिए थे। उनके इस बलिदान ने उपस्थित जनसमूह को स्तब्ध और शोकाकुल कर दिया, किन्तु साथ ही उनके हृदयों में स्वतंत्रता की एक ऐसी अमिट ज्वाला भी प्रज्वलित कर दी, जो भविष्य के संघर्षों का मार्ग प्रशस्त करने वाली थी। राव उमराव सिंह भाटी का पार्थिव शरीर भले ही पंचतत्व में विलीन हो गया, किन्तु उनकी शौर्यगाथा और उनका बलिदान अमर हो गया। वे दादरी और बुलंदशहर क्षेत्र के ही नहीं, बल्कि संपूर्ण भारत के स्वतंत्रता संग्राम के एक देदीप्यमान नक्षत्र बन गए।

6. 1857 के अन्य स्थानीय वीर योद्धा एवं शहीद: दादरी क्षेत्र के गुमनाम नायक

1857 का महासमर केवल कुछ गिने-चुने प्रसिद्ध नेताओं का ही संग्राम नहीं था, बल्कि यह उन असंख्य गुमनाम नायकों के शौर्य, त्याग और बलिदान की भी गाथा है, जिनके नाम शायद इतिहास के पन्नों में प्रमुखता से अंकित नहीं हो पाए, किन्तु जिनका योगदान किसी भी मायने में कम नहीं था। राव उमराव सिंह भाटी के अतिरिक्त, दादरी परगना और उसके आसपास के क्षेत्र के अनेक अन्य वीर सपूतों ने भी इस क्रांति की बलिवेदी पर अपने प्राणों की आहुति दी। इन गुमनाम नायकों को स्मरण करना और उनके प्रति श्रद्धांजलि अर्पित करना हमारा परम कर्तव्य है।

नवाब वलीदाद खान (मालागढ़) और दादरी का संबंध

बुलंदशहर जिले में स्थित मालागढ़ रियासत के नवाब वलीदाद खान, जो मुगल बादशाह बहादुर शाह जफर के रिश्तेदार भी थे, ने 1857 की क्रांति में अत्यंत सक्रिय और महत्वपूर्ण भूमिका निभाई। उन्होंने बुलंदशहर, खुर्जा, अलीगढ़ और आसपास के क्षेत्रों में अंग्रेजी हुकूमत के विरुद्ध विद्रोह का झंडा बुलंद किया। राव उमराव सिंह भाटी के साथ उनका घनिष्ठ समन्वय और सहयोग था। दोनों नेताओं ने मिलकर अंग्रेजी सेना को कई बार कड़ी चुनौती दी। दादरी क्षेत्र के अनेक क्रांतिकारी नवाब वलीदाद खान की सेना में भी सम्मिलित हुए थे। दिल्ली पर अंग्रेजों का पुनः अधिकार होने और क्रांति के दमन के पश्चात् नवाब वलीदाद खान को भी अपनी रियासत गँवानी पड़ी और वे अज्ञातवास में चले गए, जहाँ संभवतः उनकी मृत्यु हुई।

दादरी के गुर्जर वीर: अदम्य साहस के प्रतीक

दादरी और उसके आसपास का क्षेत्र गुर्जर बाहुल्य रहा है, और इस समुदाय ने 1857 की क्रांति में अपनी परंपरागत जुझारू प्रवृत्ति और अदम्य साहस का परिचय दिया। अनेक गुर्जर गाँवों ने राव उमराव सिंह का सक्रिय साथ दिया और उनके युवक बड़ी संख्या में क्रांतिकारी सेना में भर्ती हुए।

ग्राम तिलपता: तिलपता गाँव के गुर्जर क्रांतिकारियों ने दिल्ली-आगरा मार्ग पर अंग्रेजी संचार व्यवस्था को भंग करने और उनकी रसद आपूर्ति को बाधित करने में महत्वपूर्ण भूमिका निभाई। चौधरी रम्मन सिंह खारी यहाँ के एक प्रमुख नेता थे।

ग्राम कसना: कसना गाँव के गुर्जरों ने भी राव उमराव सिंह के नेतृत्व में क्रांति में भाग लिया। चौधरी गुलाब सिंह कसाना का नाम इस संदर्भ में उल्लेखनीय है।

ग्राम सीदीपुर और आसपास के गाँव: सीदीपुर के चौधरी हिम्मत सिंह खारी और आसपास के अन्य गुर्जर गाँवों के सरदारों ने अपने सशस्त्र दस्तों के साथ क्रांति में योगदान दिया। वे छापामार युद्ध में निपुण थे और उन्होंने अंग्रेजी सैनिकों को भारी क्षति पहुँचाई। इनके अतिरिक्त, ग्राम धूम मानिकपुर, ग्राम रिठौरी, ग्राम अच्छेजा और अन्य अनेक गुर्जर गाँवों के वीरों ने भी इस महासमर में अपना सर्वस्व न्योछावर कर दिया।

राजपूत, जाट एवं अन्य समुदायों का योगदान

भाटी राजपूतों के अतिरिक्त, दादरी क्षेत्र के अन्य राजपूत कुलों, जैसे गहलौत, चौहान आदि, ने भी क्रांति में सक्रिय भाग लिया। जाट समुदाय, जो कृषि के साथ-साथ अपनी सैन्य परंपरा के लिए भी जाना जाता है, ने भी राव उमराव सिंह का साथ दिया। अनेक जाट गाँवों के किसानों ने अपने हल छोड़कर हथियार उठा लिए और अंग्रेजी सेना का मुकाबला किया। मेव और अन्य मुस्लिम समुदायों के लोगों ने भी कंधे से कंधा मिलाकर इस साझा संघर्ष में भाग लिया, जो 1857 की क्रांति की गंगा-जमुनी तहजीब का प्रतीक है।

यह सूची अधूरी है, क्योंकि ऐसे हजारों गुमनाम शहीद और योद्धा थे, जिनके व्यक्तिगत नाम और विवरण आज हमें उपलब्ध नहीं हैं। किन्तु उनका सामूहिक बलिदान ही इस क्रांति की वास्तविक शक्ति थी। दादरी क्षेत्र का प्रत्येक गाँव, प्रत्येक परिवार इस महासमर से किसी न किसी रूप में जुड़ा हुआ था, और उन्होंने अपनी-अपनी क्षमतानुसार स्वतंत्रता के इस यज्ञ में अपनी आहुति दी।

7. क्रांति का दमन एवं ब्रिटिश प्रतिशोध: दादरी क्षेत्र में बर्बरता का नंगा नाच

दिल्ली पर सितंबर 1857 में पुनः अधिकार करने के पश्चात, अंग्रेजों ने अत्यंत बर्बरता और पाशविकता के साथ क्रांति को कुचलने का अभियान चलाया। उनका एकमात्र उद्देश्य था – विद्रोह का पूर्ण उन्मूलन और भारतीय जनमानस में ऐसा आतंक स्थापित करना कि भविष्य में कोई भी ब्रिटिश सत्ता के विरुद्ध सिर उठाने का दुस्साहस न कर सके। दादरी परगना, जो क्रांति का एक प्रमुख केंद्र रहा था और जहाँ राव उमराव सिंह भाटी जैसे नेताओं ने अंग्रेजी हुकूमत को कड़ी चुनौती दी थी, अंग्रेजों के इस प्रतिशोध की अग्नि का विशेष निशाना बना।

सामूहिक फाँसियाँ और मृत्युदंड का तांडव

बुलंदशहर, सिकंदराबाद, गुलावठी और स्वयं दादरी में पकड़े गए हजारों क्रांतिकारियों और उनके समर्थकों को बिना किसी निष्पक्ष मुकदमे के या नाममात्र की सुनवाई के बाद सामूहिक रूप से फाँसी पर लटका दिया गया। अनेक लोगों को तोपों के मुँह से बांधकर उड़ा दिया गया, जो अत्यंत क्रूर और अमानवीय दंड था।

बुलंदशहर का 'काला आम' चौराहा ऐसी ही अनगिनत फाँसियों का मूक साक्षी बना, जहाँ प्रतिदिन दर्जनों देशभक्तों को मौत के घाट उतारा जाता था। दादरी कस्बे और आसपास के प्रमुख गाँवों में भी सार्वजनिक स्थानों पर फाँसी के तख्ते खड़े किए गए और लोगों को आतंकित करने के लिए खुलेआम फाँसियाँ दी गईं। राव उमराव सिंह की फाँसी इसी दमन चक्र की एक महत्वपूर्ण कड़ी थी।

गाँवों को जलाना, लूटपाट और संपत्ति की जब्ती

जिन गाँवों ने क्रांति में सक्रिय रूप से भाग लिया था, या जिन पर क्रांतिकारियों को शरण देने का संदेह था, उन्हें अंग्रेजी सेना ने जलाकर राख कर दिया। खड़ी फसलों को नष्ट कर दिया गया, मवेशियों को छीन लिया गया, और घरों में लूटपाट की गई। क्रांतिकारियों और उनके परिवारों की चल-अचल संपत्ति जब्त कर ली गई, और उन्हें दर-दर की ठोकरें खाने के लिए विवश कर दिया गया। दादरी परगना के अनेक समृद्ध गाँव इस प्रतिशोध की आग में जलकर वीरान हो गए। तिलपता, कसना, छौलस और अन्य अनेक गाँवों को भारी क्षति उठानी पड़ी।

अमानवीय यातनाएँ और सामूहिक जुर्माने

पकड़े गए क्रांतिकारियों और संदिग्ध व्यक्तियों को अमानवीय यातनाएँ दी गईं। उन्हें कोड़ों से पीटा गया, भूखा-प्यासा रखा गया, और उनके परिवारों, यहाँ तक कि महिलाओं और बच्चों को भी प्रताड़ित किया गया। अनेक गाँवों पर सामूहिक जुर्माने लगाए गए, जिन्हें वसूलने के लिए भी क्रूरता की हदें पार कर दी गईं। अंग्रेजों का उद्देश्य केवल शारीरिक दंड देना ही नहीं, बल्कि आर्थिक रूप से भी इस क्षेत्र की कमर तोड़ देना था।

दीर्घकालिक प्रभाव: भय और आर्थिक विपन्नता

अंग्रेजों के इस बर्बर दमन चक्र का दादरी क्षेत्र पर गहरा और दीर्घकालिक प्रभाव पड़ा। एक ओर जहाँ इसने जनता में भय और आतंक का वातावरण उत्पन्न किया, वहीं दूसरी ओर इसने क्षेत्र की आर्थिक व्यवस्था को भी चौपट कर दिया। कृषि और व्यापार ठप्प हो गए, और हजारों लोग बेघर और कंगाल हो गए। इस त्रासदी से उबरने में इस क्षेत्र को कई दशक लग गए। तथापि, यह दमन और अत्याचार भी दादरी के लोगों के हृदय से स्वतंत्रता की आकांक्षा को मिटा नहीं सका, बल्कि इसने भविष्य के संघर्षों के लिए एक मजबूत नींव तैयार की।

8. लोक स्मृतियों, गीतों एवं कथाओं में 1857 के नायक: दादरी की अमर विरासत

यद्यपि 1857 के महासमर को अंग्रेजों ने अपनी पाशविक शक्ति से कुचल दिया, और उसके नायकों को शारीरिक रूप से समाप्त कर दिया, किन्तु वे उनके

शौर्य, उनके बलिदान और उनकी अमर कीर्ति को भारतीय जनमानस के हृदय से मिटा नहीं सके। विशेष रूप से दादरी और बुलंदशहर क्षेत्र में, राव उमराव सिंह भाटी और उनके जैसे अन्य वीर योद्धाओं की गाथाएँ लोकगीतों, लोककथाओं, रागनियों और मौखिक परंपराओं के माध्यम से पीढ़ी-दर-पीढ़ी जीवित रहीं, और आज भी श्रद्धा तथा गर्व के साथ गाई व सुनाई जाती हैं।

राव उमराव सिंह भाटी: लोकनायक के रूप में प्रतिष्ठित

राव उमराव सिंह भाटी अपने बलिदान के पश्चात् दादरी क्षेत्र के एक सच्चे लोकनायक के रूप में प्रतिष्ठित हो गए। उनकी वीरता, उनके संगठन कौशल, अंग्रेजों के विरुद्ध उनके संघर्ष और उनकी निडर शहादत को लेकर अनेक लोकगीतों और रागनियों की रचना हुई, जो आज भी इस क्षेत्र के लोक कलाकारों द्वारा विभिन्न अवसरों पर गाई जाती हैं। इन गीतों में न केवल उनके शौर्य का बखान होता है, बल्कि उनमें तत्कालीन सामाजिक-राजनीतिक परिस्थितियों और अंग्रेजी हुकूमत के अत्याचारों का भी सजीव चित्रण मिलता है। ये गीत केवल मनोरंजन का साधन नहीं, बल्कि इतिहास के जीवंत दस्तावेज हैं, जो युवा पीढ़ी को अपने गौरवशाली अतीत और अपने नायकों के बलिदान से परिचित कराते हैं।

स्थानीय कथाएँ, किंवदंतियाँ और स्मारक

राव उमराव सिंह और 1857 के अन्य स्थानीय शहीदों से जुड़ी अनेक कथाएँ और किंवदंतियाँ भी इस क्षेत्र में प्रचलित हैं। कुछ कथाओं में उनके असाधारण पराक्रम और चमत्कारी शक्तियों का भी वर्णन मिलता है, जो उन्हें एक अतिमानवीय नायक के रूप में प्रस्तुत करता है। ये कथाएँ भले ही ऐतिहासिक रूप से पूर्णतः सत्य न हों, किन्तु वे जनमानस में उनके प्रति अगाध श्रद्धा और सम्मान को दर्शाती हैं।

स्वतंत्रता प्राप्ति के पश्चात्, राव उमराव सिंह भाटी और 1857 के अन्य शहीदों की स्मृति को अक्षुण्ण बनाए रखने के लिए कुछ महत्वपूर्ण कदम उठाए गए हैं। दादरी, बुलंदशहर और अन्य स्थानों पर उनकी मूर्तियाँ स्थापित की गई हैं। उनके नाम पर शिक्षण संस्थानों, सड़कों और सार्वजनिक स्थानों का नामकरण किया गया है। विभिन्न सामाजिक और सांस्कृतिक संगठन समय-समय पर उनकी स्मृति में कार्यक्रमों का आयोजन करते हैं। तथापि, यह आवश्यक है कि इन महान बलिदानियों के योगदान को राष्ट्रीय स्तर पर और अधिक व्यापक मान्यता मिले, और उनके जीवन तथा संघर्ष को स्कूली पाठ्यक्रम में सम्मिलित किया जाए, ताकि आने वाली पीढ़ियाँ अपने सच्चे नायकों से प्रेरणा ले सकें।

1857 का महासमर भारतीय स्वतंत्रता संग्राम का वह प्रथम संगठित और व्यापक प्रयास था, जिसने ब्रिटिश साम्राज्य की अपराजेयता के मिथक को तोड़ दिया। यद्यपि यह अपने तात्कालिक राजनीतिक उद्देश्य में पूर्णतः सफल नहीं हो सका, तथापि इसने भारतीय जनता में राष्ट्रीय एकता, स्वाभिमान और स्वतंत्रता की एक ऐसी अदम्य भावना का संचार किया, जो अंततः 1947 में भारत की पूर्ण स्वतंत्रता के रूप में परिणत हुई। राव उमराव सिंह भाटी जैसे अमर बलिदानियों का शौर्य, त्याग और देशभक्ति सदैव हमें यह स्मरण दिलाती रहेगी कि स्वतंत्रता अमूल्य है, और इसकी प्राप्ति तथा रक्षा के लिए बड़े से बड़ा बलिदान भी कम है। दादरी की भूमि ऐसे वीर सपूत को जन्म देकर और उसकी कर्मस्थली बनकर धन्य हुई, और उसका यह गौरवशाली इतिहास सदैव प्रेरणा का स्रोत बना रहेगा।

4

अध्याय 4: पराधीनता से स्वतंत्रता तक - राष्ट्रीय नवजागरण एवं मुक्ति संघर्ष

अठारह सौ सत्तावन का स्वातंत्र्य समर, यद्यपि अपने तात्कालिक लक्ष्य को प्राप्त न कर सका, तथापि उसने ब्रिटिश साम्राज्य की अपराजेयता के दंभ को चकनाचूर कर दिया और भारत की सोई हुई आत्मा को झकझोर कर जगा दिया। राव उमराव सिंह भाटी जैसे असंख्य हुतात्माओं के बलिदान ने यह सिद्ध कर दिया कि भारत की वीरभूमि पराधीनता की बेड़ियों को स्वीकार करने के लिए कदापि प्रस्तुत नहीं है। 1857 के पश्चात्, दादरी और उसके आसपास का यह क्षेत्र, भीषण दमन और अत्याचार सहने के उपरांत भी, राष्ट्रीय स्वाभिमान की ज्वाला को अपने हृदय में सँजोए रखा। यह अध्याय उसी कालखंड का सिंहावलोकन है – जब एक ओर ब्रिटिश राज अपनी 'फूट डालो और राज करो' की नीति तथा आर्थिक शोषण के माध्यम से भारत को दुर्बल करने का षड्यंत्र रच रहा था, तो दूसरी ओर भारत की सनातन संस्कृति और राष्ट्रीय चेतना की रक्षा हेतु विभिन्न सामाजिक-धार्मिक सुधार आंदोलनों और विशेष रूप से राष्ट्रीय स्वयंसेवक संघ जैसे प्रखर राष्ट्रवादी संगठनों का उदय हो रहा था, जो देश को संगठित कर पूर्ण स्वतंत्रता की ओर ले जाने के लिए कटिबद्ध थे।

1. 1857 के उपरांत ब्रिटिश कुचक्र: दमन, विभाजन और सांस्कृतिक आक्रमण

1857 के महासंग्राम से भयभीत ब्रिटिश सत्ता ने भारत पर अपने शिकंजे को और अधिक कसने के लिए नई, अधिक धूर्ततापूर्ण नीतियाँ अपनाईं। ईस्ट इंडिया कंपनी का शासन समाप्त कर भारत को सीधे ब्रिटिश ताज के अधीन लाना केवल एक दिखावा था; वास्तविक उद्देश्य भारतीय समाज को और अधिक विभाजित करना, उसकी आर्थिक आत्मनिर्भरता को पूर्णतः नष्ट करना और उसकी सांस्कृतिक जड़ों पर कुठाराघात करना था।

'फूट डालो और राज करो': हिन्दू-मुस्लिम वैमनस्य का बीजारोपण

अंग्रेजों ने यह भली-भांति समझ लिया था कि 1857 में हिन्दू और मुसलमानों ने कंधे से कंधा मिलाकर उनके विरुद्ध संघर्ष किया था। भविष्य में ऐसी एकता को रोकने के लिए उन्होंने सुनियोजित ढंग से दोनों समुदायों के बीच संदेह और वैमनस्य के बीज बोने आरंभ कर दिए। इतिहास की विकृत व्याख्या, पक्षपातपूर्ण प्रशासनिक निर्णय और मुस्लिम लीग जैसे पृथकतावादी संगठनों को प्रोत्साहन देना इसी कुटिल नीति का अंग था। इसका दूरगामी और विषैला प्रभाव भारतीय समाज पर पड़ा।

आर्थिक शोषण का नया स्वरूप और सांस्कृतिक अस्मिता पर प्रहार

सेना के पुनर्गठन के नाम पर भारतीय सैनिकों की संख्या कम करना और उन्हें महत्वपूर्ण जिम्मेदारियों से वंचित रखना, तथाकथित प्रशासनिक सुधारों के नाम पर भारतीय भाषाओं और परंपराओं की उपेक्षा कर अंग्रेजीयत को थोपना, और इंग्लैंड के औद्योगिक हितों के लिए भारतीय कृषि तथा कुटीर उद्योगों को तबाह करना – यह सब ब्रिटिश शोषण के नए हथियार थे। मैकाले की शिक्षा पद्धति ने भारतीय युवाओं को अपनी संस्कृति से विमुख कर मानसिक रूप से दास बनाने का प्रयास किया। दादरी जैसे कृषि प्रधान क्षेत्र के किसान और कारीगर इस दोहरी मार – आर्थिक विपन्नता और सांस्कृतिक अस्मिता के संकट – से त्रस्त थे।

2. राष्ट्रीय नवजागरण की मशालः सांस्कृतिक राष्ट्रवाद और संगठित हिन्दू शक्ति का उदय

उन्नीसवीं शताब्दी के उत्तरार्ध और बीसवीं सदी के प्रारंभ में ब्रिटिश कुशासन और सांस्कृतिक आक्रमण के प्रतिकार स्वरूप भारत में एक शक्तिशाली राष्ट्रीय नवजागरण का सूत्रपात हुआ। इस नवजागरण का मूल स्वर भारत की सनातन संस्कृति, उसके गौरवशाली अतीत और हिन्दू समाज की आंतरिक शक्ति में निहित था।

आर्य समाज और वैदिक पुनरुत्थानः दादरी क्षेत्र में प्रभाव

स्वामी दयानंद सरस्वती द्वारा स्थापित आर्य समाज ने 'वेदों की ओर लौटो' का नारा देकर हिन्दू समाज में व्याप्त अंधविश्वासों, कुरीतियों और जातिगत भेदभावों पर प्रहार किया। उन्होंने स्वधर्म, स्वभाषा और स्वदेशी का जो संदेश दिया, उसने राष्ट्रीय स्वाभिमान को जगाने में महत्वपूर्ण भूमिका निभाई। दादरी, बुलंदशहर और मेरठ क्षेत्र में आर्य समाज की शाखाओं ने शिक्षा, समाज सुधार और स्वदेशी के प्रचार-प्रसार में उल्लेखनीय कार्य किया। अनेक युवक आर्य समाज के विचारों से प्रेरित होकर राष्ट्रीय आंदोलन की ओर उन्मुख हुए। यह आंदोलन हिन्दू समाज को संगठित और आत्मविश्वासी बनाने की दिशा में एक महत्वपूर्ण कदम था।

अन्य हिन्दू संगठन और सामाजिक चेतना

आर्य समाज के अतिरिक्त भी, विभिन्न सनातन धर्म सभाओं और अन्य हिन्दू संगठनों ने अपनी-अपनी रीति से समाज सुधार, शिक्षा और धार्मिक जागृति का कार्य किया। इन सभी प्रयासों का सामूहिक परिणाम यह हुआ कि हिन्दू समाज अपनी शक्ति को पहचानने लगा और विदेशी दासता के विरुद्ध संगठित होने की आवश्यकता को अनुभव करने लगा।

3. राष्ट्रीय स्वयंसेवक संघ की स्थापना (1925): एक युगांतकारी कदम

भारतीय राष्ट्रीय चेतना के इतिहास में, और विशेष रूप से हिन्दू समाज को संगठित, अनुशासित और राष्ट्र सेवा के लिए समर्पित करने की दिशा में, 1925 में विजयादशमी के पुण्य अवसर पर नागपुर में परम पूजनीय डॉ. केशव बलिराम हेडगेवार जी द्वारा राष्ट्रीय स्वयंसेवक संघ की स्थापना एक युगांतकारी घटना थी। डॉ. हेडगेवार जी एक दूरदर्शी राष्ट्रचिंतक थे, जिन्होंने यह गहराई से अनुभव किया कि भारत की पराधीनता का मूल कारण हिन्दू समाज की आंतरिक दुर्बलता, उसका असंगठित होना और राष्ट्रीय चरित्र का अभाव है।

संघ की स्थापना के मूल उद्देश्य और कार्यपद्धति

व्यक्ति निर्माण: संघ का मुख्य बल 'व्यक्ति निर्माण' पर था – ऐसे चरित्रवान, निष्ठावान, अनुशासित और देशभक्त युवकों का निर्माण करना जो अपने व्यक्तिगत स्वार्थों से ऊपर उठकर राष्ट्र और समाज की सेवा में अपना जीवन समर्पित कर सकें।

हिन्दू संगठन: संघ का स्पष्ट मत था कि हिन्दू समाज इस राष्ट्र का आधार है, और जब तक हिन्दू समाज संगठित, शक्तिशाली और आत्मगौरव से परिपूर्ण नहीं होगा, तब तक भारत वास्तविक अर्थ में स्वतंत्र और सुरक्षित नहीं हो सकता। 'हिन्दू तन-मन, हिन्दू जीवन, रग-रग हिन्दू मेरा परिचय' की भावना इसी संगठन

का मूलमंत्र थी।

नियमित शाखा: संघ की कार्यपद्धति का आधार थी 'शाखा' – एक ऐसा स्थान जहाँ स्वयंसेवक प्रतिदिन एकत्र होकर शारीरिक व्यायाम, खेल, बौद्धिक चर्चा और राष्ट्रभक्ति के गीत तथा प्रार्थनाओं के माध्यम से अनुशासन, सामूहिकता और राष्ट्र सेवा का प्रशिक्षण प्राप्त करते थे।

अराजनीतिक स्वरूप: प्रारंभ से ही संघ ने स्वयं को दलीय राजनीति से दूर रखकर एक सांस्कृतिक और चारित्रिक संगठन के रूप में विकसित किया, जिसका लक्ष्य सम्पूर्ण हिन्दू समाज को संगठित करना था, न कि केवल राजनीतिक सत्ता प्राप्त करना।

उत्तर भारत और दादरी क्षेत्र में संघ कार्य का विस्तार

स्थापना के कुछ ही वर्षों में राष्ट्रीय स्वयंसेवक संघ का कार्य नागपुर से निकलकर भारत के विभिन्न प्रांतों में फैलने लगा। उत्तर भारत, विशेषकर संयुक्त प्रांत (वर्तमान उत्तर प्रदेश), संघ कार्य के विस्तार के लिए एक उर्वर भूमि सिद्ध हुआ। यहाँ की हिन्दू जनता में अपनी संस्कृति और परंपराओं के प्रति गहरी आस्था थी, और वह एक ऐसे संगठन की प्रतीक्षा कर रही थी जो उन्हें आत्मगौरव के साथ जीना सिखा सके।

यद्यपि 1920 और 1930 के दशकों में दादरी जैसे अपेक्षाकृत छोटे और ग्रामीण क्षेत्र में संघ की प्रत्यक्ष और सुसंगठित शाखाओं के स्थापित होने के विस्तृत ऐतिहासिक प्रमाण मिलना कठिन हो सकता है, तथापि यह निश्चित है कि संघ के विचार और उसके स्वयंसेवक इस क्षेत्र तक भी पहुँच रहे थे। मेरठ, बुलंदशहर, हापुड़ जैसे निकटवर्ती नगरों में संघ की शाखाएँ स्थापित होने लगी थीं, और वहाँ से प्रशिक्षित स्वयंसेवक आसपास के ग्रामीण क्षेत्रों में जाकर संघ के विचारों का प्रचार करते थे, युवाओं को संगठित करते थे और उन्हें राष्ट्रीय अनुशासन का पाठ पढ़ाते थे।

दादरी क्षेत्र के अनेक प्रबुद्ध नागरिक, शिक्षक, वैद्य और किसान, जो आर्य समाज या अन्य हिन्दू संगठनों से जुड़े हुए थे, संघ के राष्ट्रवादी विचारों और उसकी कार्यपद्धति से प्रभावित हुए। उन्होंने अपने स्तर पर युवाओं को संगठित करने, उनमें शारीरिक क्षमता और चारित्रिक दृढ़ता विकसित करने तथा हिन्दू समाज में व्याप्त कुरीतियों को दूर करने का प्रयास किया संघ द्वारा प्रचारित स्वदेशी, स्वावलंबन और राष्ट्रीय स्वाभिमान की भावना ने इस क्षेत्र के लोगों को भी आंदोलित किया।

4. स्वतंत्रता संग्राम में राष्ट्रवादी शक्तियों की भूमिका

भारतीय स्वतंत्रता संग्राम का इतिहास केवल कांग्रेस पार्टी या कुछ गिने-चुने नेताओं तक सीमित नहीं है, जैसा कि कुछ इतिहासकारों ने चित्रित करने का प्रयास किया है। वास्तविकता यह है कि इस महायज्ञ में असंख्य व्यक्तियों, संगठनों और विचारधाराओं ने अपनी-अपनी आहुति दी। राष्ट्रीय स्वयंसेवक संघ यद्यपि प्रत्यक्ष रूप से राजनीतिक आंदोलनों में भाग नहीं लेता था, तथापि उसने लाखों ऐसे देशभक्त और अनुशासित नागरिक तैयार किए, जिन्होंने अप्रत्यक्ष रूप से स्वतंत्रता संग्राम को बल प्रदान किया और विभिन्न संकटों के समय हिन्दू समाज तथा राष्ट्र की रक्षा में महत्वपूर्ण भूमिका निभाई।

गांधीवादी आंदोलनों के प्रति संघ का दृष्टिकोण

महात्मा गांधी द्वारा चलाए गए असहयोग आंदोलन (1920-22), सविनय अवज्ञा आंदोलन (1930-34) और भारत छोड़ो आंदोलन (1942) ने निस्संदेह भारतीय जनता में एक व्यापक राजनीतिक जागृति उत्पन्न की और ब्रिटिश शासन पर भारी दबाव डाला। संघ ने इन आंदोलनों का प्रत्यक्ष रूप से समर्थन या विरोध नहीं किया, क्योंकि संघ का मानना था कि राजनीतिक स्वतंत्रता के साथ-साथ राष्ट्रीय चरित्र का निर्माण और हिन्दू समाज का संगठन अधिक आधारभूत और स्थायी महत्व का कार्य है। तथापि, संघ के अनेक स्वयंसेवक व्यक्तिगत स्तर पर इन आंदोलनों में सम्मिलित हुए और उन्होंने जेल यात्राएँ भी सहीं।

दादरी क्षेत्र में भी जब ये आंदोलन चले, तो संघ की विचारधारा से प्रभावित अनेक युवकों और नागरिकों ने इनमें अपनी भूमिका निभाई । उन्होंने स्वदेशी का प्रचार किया , विदेशी वस्तुओं का बहिष्कार किया और स्थानीय स्तर पर लोगों को संगठित कर ब्रिटिश शासन का शांतिपूर्ण या सक्रिय प्रतिरोध किया संघ द्वारा दी गई शारीरिक और मानसिक संकल्प ने उन्हें इन संघर्षों का सामना करने के लिए अधिक सक्षम बनाया।

'भारत छोड़ो' आंदोलन (1942) और संघ की भूमिका

1942 के 'भारत छोड़ो' आंदोलन के समय, जब अधिकांश कांग्रेसी नेता जेलों में बंद थे और आंदोलन ने कई स्थानों पर स्वतःस्फूर्त और उग्र रूप धारण कर लिया था, संघ के स्वयंसेवकों ने अनेक स्थानों पर कानून-व्यवस्था बनाए रखने, आवश्यक सेवाओं को सुचारु रखने और विशेष रूप से हिन्दू समाज को अराजकता तथा सांप्रदायिक हिंसा से बचाने में महत्वपूर्ण भूमिका निभाई। यद्यपि संघ ने आधिकारिक रूप से आंदोलन में भाग लेने का निर्णय नहीं लिया था, किन्तु पूजनीय श्री गुरुजी (माधव सदाशिव गोलवलकर) ने स्वयंसेवकों को व्यक्तिशः देश की परिस्थिति के अनुसार उचित निर्णय लेने की स्वतंत्रता दी थी। दादरी क्षेत्र

में भी इस आंदोलन के दौरान जो उथल-पुथल मची, उसमें संघ की विचारधारा से प्रेरित व्यक्तियों ने समाज में स्थिरता और सुरक्षा बनाए रखने का प्रयास किया।

क्रांतिकारी राष्ट्रवाद और हिन्दू महासभा का प्रभाव

कांग्रेस के अतिरिक्त, क्रांतिकारी राष्ट्रवादी आंदोलन और हिन्दू महासभा जैसी राष्ट्रवादी संस्थाएँ भी स्वतंत्रता संग्राम में सक्रिय थीं। वीर सावरकर जैसे नेताओं के विचारों का भी हिन्दू समाज पर गहरा प्रभाव पड़ा। यद्यपि दादरी क्षेत्र में इन संगठनों की प्रत्यक्ष गतिविधियों के विस्तृत विवरण सीमित हैं, तथापि यह संभव है कि यहाँ के कुछ युवक इन विचारों से भी प्रेरित रहे हों और उन्होंने अपने तरीके से स्वतंत्रता के लिए संघर्ष किया हो।

5. विभाजन की विभीषिका और संघ का रक्षात्मक योगदान

द्वितीय विश्व युद्ध की समाप्ति के पश्चात् जब भारत की स्वतंत्रता और विभाजन की रूपरेखा स्पष्ट होने लगी, तो देश के अनेक भागों में, विशेषकर पंजाब, बंगाल और सिंध में, भीषण सांप्रदायिक दंगे भड़क उठे। मुस्लिम लीग की 'डायरेक्ट एक्शन' की घोषणा ने स्थिति को और भयावह बना दिया। यह भारतीय इतिहास का एक अत्यंत दुःखद और रक्तरंजित अध्याय था।

विभाजन का दंश और दादरी क्षेत्र

यद्यपि दादरी और पश्चिमी उत्तर प्रदेश का यह क्षेत्र विभाजन की प्रत्यक्ष आग से काफी हद तक बचा रहा, जैसा कि पंजाब या बंगाल में हुआ, तथापि यहाँ भी सांप्रदायिक तनाव, भय और अनिश्चितता का वातावरण व्याप्त हो गया था। पाकिस्तान से उजड़कर आए हिन्दू और सिख शरणार्थियों के जत्थे जब इस क्षेत्र में पहुँचे, तो उनकी दर्दनाक कहानियों ने स्थानीय हिन्दू समाज को और अधिक चिंतित और संगठित होने के लिए प्रेरित किया।

हिन्दू समाज की रक्षा में संघ की भूमिका

ऐसे संकटपूर्ण समय में, जब कानून-व्यवस्था लगभग ध्वस्त हो चुकी थी और हिन्दू समाज असहाय महसूस कर रहा था, राष्ट्रीय स्वयंसेवक संघ के स्वयंसेवकों ने अपनी जान की परवाह किए बिना हिन्दू भाई-बहनों की रक्षा करने, उन्हें सुरक्षित स्थानों पर पहुँचाने, उनके लिए भोजन, वस्त्र और आश्रय की व्यवस्था करने में अद्वितीय साहस और संगठन क्षमता का परिचय दिया। यह कार्य केवल बड़े शहरों तक सीमित नहीं था, बल्कि छोटे कस्बों और ग्रामीण क्षेत्रों में भी स्वयंसेवकों ने रक्षा दल गठित किए और मुस्लिम लीग के गुंडों तथा उन्मादी भीड़ से हिन्दू बस्तियों की रक्षा की।

दादरी क्षेत्र में भी, जहाँ मिश्रित आबादी थी और सांप्रदायिक तनाव की आशंका बनी हुई थी, संघ के स्वयंसेवकों और अन्य हिन्दू संगठनों के कार्यकर्ताओं ने शांति समितियों का गठन किया होगा, रात्रि में पहरा दिया होगा और किसी भी अप्रिय घटना को रोकने के लिए तत्पर रहे होंगे। उन्होंने पाकिस्तान से आए शरणार्थियों की सहायता में भी महत्वपूर्ण भूमिका निभाई होगी। यह संघ की राष्ट्र सेवा और हिन्दू संगठन की भावना का एक ज्वलंत उदाहरण था।

6. स्वतंत्रता का सूर्योदय और अखंड भारत का संकल्प

अनेक बलिदानों, संघर्षों और विभाजन की असहनीय पीड़ा के पश्चात्, अंततः 15 अगस्त, 1947 को भारत स्वतंत्र हुआ। यह एक ऐतिहासिक क्षण था, सदियों की पराधीनता के अंधकार को चीरकर स्वतंत्रता का सूर्योदय हुआ था। दादरी क्षेत्र में भी स्वतंत्रता दिवस अभूतपूर्व उल्लास, उमंग और गर्व के साथ मनाया गया। लोगों ने घरों पर तिरंगा फहराया, राष्ट्रीय गीत गाए, सभाएँ कीं और उन असंख्य ज्ञात-अज्ञात हुतात्माओं को श्रद्धापूर्वक स्मरण किया, जिनके बलिदानों से यह स्वर्णिम दिन देखना संभव हुआ था।

विभाजन की वेदना और अखंड भारत का स्वप्न

स्वतंत्रता की खुशी के साथ-साथ भारत माता के विभाजन की गहरी वेदना भी प्रत्येक राष्ट्रभक्त भारतीय के हृदय में थी। राष्ट्रीय स्वयंसेवक संघ ने सदैव अखंड भारत की संकल्पना का प्रतिपादन किया था, और विभाजन को एक अप्राकृतिक और दुर्भाग्यपूर्ण घटना माना था। स्वतंत्रता प्राप्ति के पश्चात् भी, संघ और उससे प्रेरित करोड़ों भारतीयों के मन में यह आशा और संकल्प जीवित रहा कि भविष्य में भारत पुनः अखंड होगा।

राष्ट्र-निर्माण की चुनौती और दादरी क्षेत्र का योगदान

स्वतंत्रता प्राप्ति केवल एक पड़ाव था, अंतिम लक्ष्य नहीं। अब चुनौती थी एक नए, शक्तिशाली, समृद्ध और स्वाभिमानी भारत का निर्माण करने की – एक ऐसा भारत जो अपनी सनातन संस्कृति और मूल्यों पर आधारित हो, और विश्व में अपना गौरवपूर्ण स्थान पुनः प्राप्त कर सके। राष्ट्रीय स्वयंसेवक संघ ने इस राष्ट्र-निर्माण के महायज्ञ में अपनी भूमिका को और अधिक समर्पण के साथ निभाने का संकल्प लिया।

दादरी क्षेत्र के निवासियों ने भी, जिन्होंने स्वतंत्रता संग्राम में सक्रिय योगदान दिया था, अब नए भारत के निर्माण में अपनी भूमिका निभाने के लिए कमर कस ली। कृषि का विकास, शिक्षा का प्रसार, सामाजिक समरसता की स्थापना और राष्ट्रीय चरित्र का निर्माण – ये वे चुनौतियाँ थीं जिनका सामना करना था।

पराधीनता से स्वतंत्रता तक की यह यात्रा अत्यंत कठिन और संघर्षपूर्ण रही थी, किन्तु इसने इस क्षेत्र के लोगों के हृदय में देशभक्ति, स्वावलंबन और अपनी संस्कृति के प्रति निष्ठा की भावना को और अधिक दृढ़ किया था। यह भावना ही स्वतंत्र भारत में उनके भविष्य के प्रयासों का मार्गदर्शन करने वाली थी।

5

अध्याय 5: नवभारत का नवनिर्माण - ग्रेटर नोएडा का उदय और विकास

15 अगस्त, 1947 – भारतीय इतिहास का वह स्वर्णिम प्रभात, जब शताब्दियों की परतंत्रता की काली रात्रि का अंत हुआ और भारतमाता ने स्वतंत्रता की खुली हवा में सांस ली। यह केवल एक राजनीतिक सत्ता का हस्तांतरण नहीं था; यह कोटि-कोटि भारतीयों के त्याग, बलिदान, संघर्ष और एक गौरवशाली, आत्मनिर्भर, सुसंस्कृत राष्ट्र के चिर-संचित स्वप्न की पहली किरण थी। दादरी और उसके आसपास का यह ऐतिहासिक क्षेत्र, जिसने 1857 के महासमर से लेकर विभिन्न स्वतंत्रता आंदोलनों में अपने वीर सपूतों की आहुति दी थी, इस नव-प्रभात के उल्लास में सराबोर था। किन्तु स्वतंत्रता का यह सूर्योदय अपने साथ केवल उल्लास ही नहीं, अपितु खंडित भारत के पुनर्निर्माण की महती और जटिल चुनौतियाँ भी लेकर आया था। एक ऐसा भारत गढ़ना था जो आर्थिक रूप से समृद्ध हो, सामाजिक रूप से समरस हो, अपनी सनातन सांस्कृतिक जड़ों से गहराई तक जुड़ा हो, और विश्व पटल पर एक स्वाभिमानी तथा शक्तिशाली राष्ट्र के रूप में अपना यथोचित स्थान पुनः प्राप्त कर सके। इसी राष्ट्र-यज्ञ में दादरी क्षेत्र ने भी अपने रूपांतरण के माध्यम से एक महत्वपूर्ण योगदान दिया, जो कालांतर में ग्रेटर नोएडा जैसे एक आधुनिक, सुनियोजित और विश्वस्तरीय नगर के रूप में विकसित होकर

नवभारत के नवनिर्माण की महत्वाकांक्षा का एक जीवंत प्रतीक बना। यह अध्याय उसी क्रमिक, संघर्षपूर्ण और अंततः यशस्वी रूपांतरण की विस्तृत गाथा है।

1. स्वतंत्रता का अरुणोदय और दादरी क्षेत्र: उल्लास, आकांक्षाएँ एवं प्रारंभिक यथार्थ

स्वतंत्रता की पहली किरण जब दादरी की धरती पर उतरी, तो यहाँ के जनमानस में एक अभूतपूर्व उत्साह और भविष्य के प्रति असीम आशाओं का संचार हुआ। जिन बुजुर्गों ने अपने यौवन में स्वतंत्रता संग्राम की कठिनाइयाँ झेली थीं, उनकी आँखों में संतोष और गर्व के आंसू थे; युवा पीढ़ी एक नए, स्वतंत्र भारत के निर्माण में अपनी भूमिका निभाने के लिए आतुर थी।

स्वतंत्रता का उत्सव: एक नए युग का उद्घोष

दादरी कस्बे और आसपास के प्रमुख गाँवों, जैसे छौलस, तिलपता, कसना, धूम मानिकपुर, में स्वतंत्रता दिवस अभूतपूर्व धूमधाम से मनाया गया। घरों पर तिरंगे झंडे शान से फहराए गए। सुबह से ही प्रभात फेरियाँ निकाली गईं, जिनमें बच्चे, बूढ़े, जवान – सभी सम्मिलित थे, और 'भारत माता की जय', 'वन्दे मातरम्', 'महात्मा गांधी की जय' के नारों से आकाश गूंज उठा। स्थानीय विद्यालयों में विशेष कार्यक्रम आयोजित किए गए, जहाँ राष्ट्रीय ध्वज फहराया गया, राष्ट्रगान हुआ और स्वतंत्रता सेनानियों के बलिदानों को श्रद्धापूर्वक स्मरण किया गया। स्थानीय कांग्रेसी नेताओं, आर्य समाजी कार्यकर्ताओं और अन्य प्रबुद्ध नागरिकों ने सभाओं को संबोधित किया, जिनमें स्वतंत्र भारत के कर्तव्यों और लक्ष्यों पर प्रकाश डाला गया। मिठाइयाँ बाँटी गईं, और लोगों ने एक-दूसरे को बधाई देकर अपनी खुशी का इजहार किया। यह केवल एक सरकारी आयोजन नहीं था, बल्कि यह जन-जन का उत्सव था, उनकी अपनी विजय का उत्सव।

विभाजन की दारुण छाया और स्थानीय समाज पर उसका प्रभाव

किन्तु स्वतंत्रता के इस उल्लास के साथ ही, भारत माता के विभाजन की दारुण वेदना भी प्रत्येक सच्चे राष्ट्रभक्त के हृदय को साल रही थी। पंजाब और बंगाल में हुए भीषण सांप्रदायिक दंगों और लाखों निर्दोष हिन्दू-सिखों के नरसंहार तथा विस्थापन की खबरें जब दादरी क्षेत्र तक पहुँचीं, तो यहाँ भी चिंता और शोक की लहर दौड़ गई। यद्यपि यह क्षेत्र विभाजन की प्रत्यक्ष आग से काफी हद तक बचा रहा, और यहाँ कोई बड़े पैमाने पर सांप्रदायिक हिंसा नहीं हुई, तथापि एक अनिश्चितता और असुरक्षा का भाव अवश्य व्याप्त हो गया था।

पाकिस्तान से उजड़कर, अपना सर्वस्व लुटाकर आए कुछ हिन्दू और सिख शरणार्थी परिवारों के जत्थे जब यहाँ पहुँचे, तो उनकी आँखों में बसा भय और

उनकी दर्दनाक आपबीती सुनकर स्थानीय निवासियों का हृदय भी द्रवित हो उठा। ऐसे संकटपूर्ण समय में, राष्ट्रीय स्वयंसेवक संघ के स्वयंसेवकों और अन्य हिन्दू संगठनों तथा स्थानीय सामाजिक कार्यकर्ताओं ने मानवीय संवेदना और बंधुत्व का परिचय देते हुए इन शरणार्थी भाई-बहनों की सेवा-सुश्रुषा में महत्वपूर्ण भूमिका निभाई। उनके लिए अस्थायी शिविरों की व्यवस्था की गई, भोजन, वस्त्र और दवाइयों का प्रबंध किया गया, और उन्हें इस अपरिचित परिवेश में बसने में सहायता प्रदान की गई। यह कार्य हिन्दू समाज की आंतरिक शक्ति, उसकी संगठित चेतना और सेवा भावना का एक ज्वलंत उदाहरण था। इसने यह भी सिद्ध किया कि राष्ट्र केवल भौगोलिक सीमाओं का नाम नहीं, बल्कि एक सांस्कृतिक और भावनात्मक इकाई है, जिसके प्रत्येक अंग की पीड़ा सम्पूर्ण राष्ट्र अनुभव करता है।

ग्रामीण अर्थव्यवस्था की जर्जर नींव: पुनर्निर्माण की पहली चुनौती

स्वतंत्रता के समय दादरी क्षेत्र की अर्थव्यवस्था मुख्य रूप से कृषि पर आधारित थी, और वह भी अत्यंत पिछड़ी हुई अवस्था में। सदियों की औपनिवेशिक उपेक्षा और शोषण ने ग्रामीण भारत की कमर तोड़ दी थी।

कृषि की दशा: दादरी परगना की भूमि यद्यपि उर्वर थी, किन्तु सिंचाई के साधनों का घोर अभाव था। अधिकांश खेती मानसून की वर्षा पर निर्भर थी, जो अनिश्चित और अनियमित होती थी। नहरों का जाल बिछा नहीं था, और नलकूप भी बहुत कम थे। किसान परंपरागत हल और बैल से खेती करते थे, और उन्नत बीज तथा रासायनिक उर्वरकों का प्रयोग लगभग नगण्य था। परिणामस्वरूप, प्रति एकड़ उपज बहुत कम थी, और किसान अपनी मूलभूत आवश्यकताओं की पूर्ति के लिए भी संघर्ष करते थे।

ऋण का दुष्चक्र: अधिकांश छोटे और सीमांत किसान स्थानीय साहूकारों और महाजनों के ऋण के दुष्चक्र में बुरी तरह फँसे हुए थे। ऊँची ब्याज दरें और अशिक्षा के कारण वे कभी भी इस ऋण से मुक्त नहीं हो पाते थे, और उनकी जमीनें धीरे-धीरे साहूकारों के हाथों में चली जाती थीं।

कुटीर उद्योगों का अभाव: कभी यह क्षेत्र अपने स्थानीय कुटीर उद्योगों, जैसे कपड़ा बुनाई, मिट्टी के बर्तन बनाना, गुड़ बनाना आदि के लिए जाना जाता था, किन्तु अंग्रेजी शासन की नीतियों के कारण ये उद्योग लगभग नष्ट हो चुके थे। इससे ग्रामीण बेरोजगारी और बढ़ी।

आधारभूत संरचना का शून्य: विकास की राह में बाधाएँ

विकास की पहली शर्त होती है मजबूत आधारभूत संरचना, किन्तु स्वतंत्रता के समय दादरी क्षेत्र इस मामले में अत्यंत पिछड़ा हुआ था।

यातायात और संचारः अधिकांश गाँव कच्ची सड़कों या पगडंडियों से जुड़े थे, जो बरसात के मौसम में अगम्य हो जाते थे। पक्की सड़कों का जाल नगण्य था। इससे किसानों को अपनी उपज मंडियों तक ले जाने में भारी कठिनाई होती थी, और उन्हें अपनी उपज का उचित मूल्य नहीं मिल पाता था। डाक और तार जैसी संचार सुविधाएँ भी बहुत सीमित थीं।

शिक्षा का अंधकारः क्षेत्र में स्कूलों की संख्या बहुत कम थी, विशेषकर लड़कियों के लिए। जो स्कूल थे भी, उनमें शिक्षकों, भवनों और अन्य सुविधाओं का अभाव था। परिणामस्वरूप, साक्षरता दर, विशेषकर ग्रामीण क्षेत्रों में, अत्यंत निम्न थी। अज्ञानता और अंधविश्वास समाज में व्याप्त थे।

स्वास्थ्य सेवाओं की उपेक्षाः चिकित्सा सुविधाओं का भी यही हाल था। गाँवों में अस्पताल या डिस्पेंसरी नहीं थे, और लोगों को छोटी-छोटी बीमारियों के इलाज के लिए भी मीलों दूर जाना पड़ता था। प्रशिक्षित डॉक्टरों और नर्सों की भारी कमी थी। शिशु मृत्यु दर और मातृ मृत्यु दर काफी ऊँची थी। महामारियाँ अक्सर फैलती रहती थीं।

इन विकट और बहुआयामी चुनौतियों के मध्य, दादरी क्षेत्र के निवासियों ने स्वतंत्र भारत के नवनिर्माण में अपना योगदान देने का संकल्प लिया। उनमें अपनी परिस्थितियों को बदलने और एक बेहतर भविष्य का निर्माण करने की अदम्य जिजीविषा थी। यह जिजीविषा और राष्ट्रीय पुनर्निर्माण की सामूहिक आकांक्षा ही आगामी विकास यात्रा का संबल बनी।

2. प्रारंभिक विकास के प्रयासः पंचायती राज, सामुदायिक विकास और ग्रामीण आत्मनिर्भरता की ओर एक कदम

स्वतंत्र भारत की प्रथम सरकारों ने राष्ट्रपिता महात्मा गांधी के ग्राम स्वराज्य के स्वप्न को साकार करने और देश के सर्वांगीण विकास, विशेषकर ग्रामीण भारत के उत्थान को अपनी सर्वोच्च प्राथमिकता बनाया। इसी व्यापक राष्ट्रीय नीति के अंतर्गत दादरी क्षेत्र में भी विकास की प्रारंभिक योजनाओं का सूत्रपात हुआ, जिनका उद्देश्य स्थानीय संसाधनों का उपयोग करते हुए ग्रामीणों को आत्मनिर्भर बनाना और उनके जीवन स्तर में सुधार लाना था।

पंचायती राज की पुनर्स्थापनाः लोकतंत्र की जड़ें गाँव तक

लोकतांत्रिक विकेंद्रीकरण को शासन का आधार बनाने और विकास प्रक्रिया में जन-सहभागिता सुनिश्चित करने के उद्देश्य से, प्राचीन भारतीय परंपरा के

अनुरूप, पंचायती राज व्यवस्था को नए कानूनी स्वरूप में सुदृढ़ किया गया। उत्तर प्रदेश में भी पंचायत राज अधिनियम लागू हुआ, जिसके अंतर्गत दादरी और उसके आसपास के गाँवों में ग्राम सभाओं, ग्राम पंचायतों, क्षेत्र समितियों (ब्लॉक स्तर पर) और जिला परिषदों का गठन हुआ।

स्थानीय नेतृत्व का उभार: इन चुनावों के माध्यम से गाँवों में नए स्थानीय नेतृत्व का उदय हुआ। यद्यपि प्रारंभ में इन नेताओं के पास अनुभव और संसाधनों की कमी थी, तथापि उन्होंने ग्रामीण विकास की छोटी-छोटी योजनाओं, जैसे गाँव की गलियों को पक्का करवाना, नालियों का निर्माण, पीने के पानी के लिए कुओं की मरम्मत या नए हैंडपंप लगवाना, और स्थानीय विवादों का निपटारा करने में महत्वपूर्ण भूमिका निभाई।

राजनीतिक चेतना का प्रसार: पंचायती राज संस्थाओं ने ग्रामीणों में अपने अधिकारों और कर्तव्यों के प्रति जागरूकता उत्पन्न की। वे अब केवल मूक दर्शक नहीं रहे, बल्कि अपने क्षेत्र के विकास में सक्रिय भागीदार बनने लगे। इससे लोकतंत्र की जड़ें ग्रामीण स्तर तक मजबूत हुईं।

सामुदायिक विकास कार्यक्रम (1952): एक समन्वित प्रयास

पंडित जवाहरलाल नेहरू के नेतृत्व में 1952 में आरंभ किए गए सामुदायिक विकास कार्यक्रम (Community Development Programme - CDP) ग्रामीण पुनर्निर्माण की दिशा में एक महत्वाकांक्षी और समन्वित प्रयास थे। इनका मूल उद्देश्य था – 'सरकार का कार्यक्रम जनता की भागीदारी से'। इस कार्यक्रम के अंतर्गत प्रत्येक विकास खंड (ब्लॉक) को एक इकाई मानकर कृषि, पशुपालन, सिंचाई, सहकारिता, शिक्षा, स्वास्थ्य, ग्रामीण उद्योग, आवास और संचार जैसे विभिन्न क्षेत्रों में समन्वित विकास योजनाएँ लागू की गईं।

दादरी ब्लॉक में क्रियान्वयन: दादरी को भी एक विकास खंड बनाया गया और यहाँ भी सामुदायिक विकास कार्यक्रम लागू किए गए। ग्राम सेवक (Village Level Worker - VLW), कृषि प्रसार अधिकारी, सहकारिता निरीक्षक और अन्य सरकारी कर्मचारी ग्रामीणों को नई तकनीक अपनाने, सहकारी समितियाँ गठित करने और विकास योजनाओं का लाभ उठाने के लिए प्रेरित करने लगे।

कृषि में सुधार के प्रयास: किसानों को उन्नत किस्म के बीज, रासायनिक उर्वरक और नए कृषि उपकरण उपलब्ध कराने के प्रयास किए गए। प्रदर्शन फार्म स्थापित किए गए और किसानों को नई कृषि तकनीकों का प्रशिक्षण दिया गया। सिंचाई के लिए नलकूप लगाने और तालाबों की खुदाई को भी प्रोत्साहित किया गया।

सहकारिता आंदोलन: सहकारी समितियों के माध्यम से किसानों को सस्ता ऋण, बीज, खाद और अपनी उपज बेचने की सुविधा प्रदान करने का प्रयास किया गया।

शिक्षा और स्वास्थ्य: नए प्राथमिक विद्यालय खोले गए और प्रौढ़ शिक्षा केंद्र भी चलाए गए। प्राथमिक स्वास्थ्य केंद्र और उप-केंद्र स्थापित कर ग्रामीणों को बुनियादी चिकित्सा सुविधाएँ उपलब्ध कराने की कोशिश की गई।

प्रारंभिक सफलताएँ और सीमाएँ: इन कार्यक्रमों से ग्रामीण जीवन में कुछ सकारात्मक परिवर्तन अवश्य दृष्टिगोचर हुए। कृषि उत्पादन में कुछ वृद्धि हुई, साक्षरता दर में सुधार हुआ और स्वास्थ्य सेवाओं का विस्तार हुआ। किन्तु, यह कार्यक्रम अपनी पूरी क्षमता का प्रदर्शन नहीं कर सका। इसके पीछे नौकरशाही की लालफीताशाही, भ्रष्टाचार, संसाधनों की कमी, स्थानीय नेतृत्व का अभाव और सबसे महत्वपूर्ण, जनता की अपेक्षित सक्रिय भागीदारी का न मिल पाना प्रमुख कारण थे। यह कार्यक्रम 'सरकारी कार्यक्रम' बनकर रह गया, 'जनता का कार्यक्रम' नहीं बन पाया।

स्थानीय नेतृत्व, स्वयंसेवी संस्थाएँ और संघ की भूमिका: आत्मनिर्भरता का मंत्र

सरकारी प्रयासों के समानांतर, दादरी क्षेत्र में अनेक स्थानीय सामाजिक कार्यकर्ता, प्रबुद्ध नागरिक, शिक्षक, वैद्य और स्वयंसेवी संस्थाएँ भी अपने स्तर पर ग्राम सुधार, शिक्षा प्रसार, स्वास्थ्य जागरूकता, नशाबंदी और सामाजिक कुरीतियों (जैसे छुआछूत, दहेज प्रथा) के उन्मूलन की दिशा में चुपचाप किन्तु महत्वपूर्ण कार्य कर रहे थे। राष्ट्रीय स्वयंसेवक संघ की विचारधारा से प्रेरित अनेक स्वयंसेवक भी, यद्यपि संगठित रूप से नहीं, तथापि व्यक्तिगत और सामूहिक स्तर पर इन रचनात्मक गतिविधियों में सक्रिय थे। संघ की शाखाओं में मिलने वाले अनुशासन, सेवा भावना और राष्ट्रीय चरित्र के संस्कारों ने उन्हें समाज सेवा के लिए प्रेरित किया। उन्होंने युवाओं को संगठित कर 'श्रमदान' के माध्यम से गाँव की सफाई, तालाबों की खुदाई, सड़कों की मरम्मत जैसे कार्य किए। उन्होंने रात्रि पाठशालाएँ चलाईं, पुस्तकालय स्थापित किए और ग्रामीणों को आत्मनिर्भर बनने तथा अपनी समस्याओं का समाधान स्वयं खोजने के लिए प्रोत्साहित किया। उनका मूल मंत्र था – व्यक्ति निर्माण से राष्ट्र पुनर्निर्माण। वे यह भली-भांति समझते थे कि केवल सरकारी योजनाओं से देश का कायाकल्प नहीं हो सकता, इसके लिए जन-जन में आत्मगौरव, अनुशासन और कर्तव्यनिष्ठा का भाव जागृत करना होगा।

इन प्रारंभिक विकास प्रयासों की गति भले ही धीमी रही हो, और उनके परिणाम भी सीमित रहे हों, तथापि उन्होंने दादरी क्षेत्र में परिवर्तन की एक नींव अवश्य रख दी थी। उन्होंने लोगों में विकास की आकांक्षा जगाई और उन्हें यह विश्वास दिलाया कि संगठित प्रयास से वे अपनी नियति को बदल सकते हैं। यही आकांक्षा और विश्वास भविष्य में ग्रेटर नोएडा जैसे एक आधुनिक नगर के उदय का आधार बनने वाला था।

3. औद्योगिक भारत का स्वप्न और ग्रेटर नोएडा की परिकल्पना: दिल्ली के द्वार पर एक नवीन सृष्टि

स्वतंत्र भारत के कर्णधारों ने यह गहनता से अनुभव किया था कि देश की राजनीतिक स्वतंत्रता तब तक अधूरी है, जब तक वह आर्थिक रूप से आत्मनिर्भर और औद्योगिक रूप से सशक्त न हो। प्रथम प्रधानमंत्री पंडित जवाहरलाल नेहरू के नेतृत्व में भारत ने नियोजित अर्थव्यवस्था का मार्ग अपनाया और पंचवर्षीय योजनाओं के माध्यम से कृषि के साथ-साथ भारी उद्योगों, वैज्ञानिक अनुसंधान और तकनीकी शिक्षा के विकास पर विशेष बल दिया गया। इसी व्यापक राष्ट्रीय परिप्रेक्ष्य में, देश की राजधानी दिल्ली पर जनसंख्या और औद्योगीकरण के बढ़ते दबाव को कम करने तथा आसपास के क्षेत्रों में एक सुनियोजित, आधुनिक और पर्यावरण-अनुकूल शहरी तथा औद्योगिक विकास को मूर्त रूप देने की आवश्यकता तीव्रता से अनुभव की जा रही थी।

राष्ट्रीय राजधानी क्षेत्र (NCR) की संकल्पना: दिल्ली का विस्तार और संतुलन

दिल्ली, अपनी ऐतिहासिक और राजनीतिक महत्ता के कारण, स्वतंत्रता के पश्चात् तीव्र गति से विकसित हो रही थी। यहाँ जनसंख्या का घनत्व बढ़ता जा रहा था, और नागरिक सुविधाओं पर भारी दबाव पड़ रहा था। इस अनियंत्रित विस्तार को रोकने और दिल्ली के विकास को एक सुव्यवस्थित दिशा देने के लिए, 1962 में पहली बार दिल्ली के मास्टर प्लान में राष्ट्रीय राजधानी क्षेत्र (National Capital Region - NCR) की अवधारणा प्रस्तुत की गई। इसका मूल उद्देश्य था दिल्ली के निकटवर्ती राज्यों – उत्तर प्रदेश, हरियाणा और राजस्थान – के कुछ चिन्हित जिलों और तहसीलों को मिलाकर एक ऐसा वृहद्, समन्वित क्षेत्र विकसित करना, जहाँ औद्योगिक, वाणिज्यिक, आवासीय और संस्थागत गतिविधियों को विकेंद्रित और सुनियोजित ढंग से बढ़ावा दिया जा सके। इससे न केवल दिल्ली पर दबाव कम होता, बल्कि आसपास के पिछड़े क्षेत्रों का भी संतुलित विकास संभव होता।

ग्रेटर नोएडा का चयनः एक दूरदर्शी और रणनीतिक निर्णय

एनसीआर योजना के अंतर्गत, उत्तर प्रदेश सरकार ने दिल्ली के दक्षिण-पूर्व में, यमुना और हिंडन नदियों के बीच स्थित, ऐतिहासिक दादरी तहसील के एक विस्तृत भू-भाग को एक नए, अति-आधुनिक, विश्वस्तरीय औद्योगिक और आवासीय उपनगर के रूप में विकसित करने का एक महत्वाकांक्षी निर्णय लिया। इस स्थल का चयन अत्यंत सोच-विचार और अनेक रणनीतिक तथा भौगोलिक कारकों को ध्यान में रखकर किया गया था:

दिल्ली से सामरिक निकटता: यह क्षेत्र दिल्ली के प्रमुख वाणिज्यिक, प्रशासनिक और राजनीतिक केंद्रों (जैसे कनॉट प्लेस, इंडिया गेट, नोएडा) से मात्र 25-30 किलोमीटर की दूरी पर स्थित था, और उत्कृष्ट सड़क मार्गों से जुड़ा हुआ था।

विशाल और समतल भूमि की उपलब्धता: एक नए और बड़े शहर के विकास के लिए सबसे महत्वपूर्ण आवश्यकता होती है – अबाधित और बड़े पैमाने पर भूमि की उपलब्धता। दादरी-कासना-सूरजपुर का यह क्षेत्र अपेक्षाकृत कम उपजाऊ, ऊसर और समतल भूमि का एक विशाल खंड प्रस्तुत करता था, जो एक सुनियोजित शहरीकरण के लिए आदर्श था।

उत्कृष्ट संचार मार्ग: राष्ट्रीय राजमार्ग संख्या 24 (दिल्ली-लखनऊ) और राष्ट्रीय राजमार्ग संख्या 91 (गाजियाबाद-अलीगढ़-कानपुर) इस क्षेत्र के निकट से गुजरते थे। दिल्ली-हावड़ा मुख्य रेल लाइन भी यहाँ से अधिक दूर नहीं थी। इन संचार मार्गों ने क्षेत्र की पहुंच को और सुगम बनाया।

यमुना और हिंडन नदियों की उपस्थिति: किसी भी शहर के विकास के लिए जल संसाधनों की उपलब्धता एक निर्णायक कारक होती है। यमुना और हिंडन नदियों की निकटता ने जलापूर्ति की संभावनाओं को बल दिया।

नोएडा के अनुभव का लाभ: ग्रेटर नोएडा से पहले, नोएडा (New Okhla Industrial Development Authority) को एक सफल औद्योगिक उपनगर के रूप में विकसित किया जा चुका था। नोएडा के विकास के अनुभवों और उससे सीखे गए सबक ने ग्रेटर नोएडा की योजना को और अधिक परिष्कृत और प्रभावी बनाने में सहायता की।

यह परिकल्पना केवल एक और औद्योगिक क्षेत्र या आवासीय कॉलोनी बसाने तक सीमित नहीं थी। यह एक ऐसे 'स्मार्ट' और 'ग्रीन' शहर का स्वप्न था, जहाँ चौड़ी सड़कें हों, निर्बाध बिजली-पानी की आपूर्ति हो, विश्वस्तरीय औद्योगिक अधोसंरचना हो, गुणवत्तापूर्ण आवास हों, उत्कृष्ट शैक्षणिक संस्थान हों, हरे-भरे पार्क और खुले स्थान हों, और जहाँ विकास तथा पर्यावरण के बीच एक

सुंदर संतुलन स्थापित हो। यह नवभारत की बढ़ती शक्ति और उसकी वैश्विक आकांक्षाओं का एक प्रतीक बनने वाला था।

उत्तर प्रदेश औद्योगिक क्षेत्र विकास अधिनियम, 1976 और ग्रेटर नोएडा औद्योगिक विकास प्राधिकरण (GNIDA) की स्थापना (1991)

इस विराट और दूरदर्शी परिकल्पना को धरातल पर उतारने के लिए एक सशक्त, स्वायत्त और कुशल संस्था की आवश्यकता थी। उत्तर प्रदेश सरकार ने इस आवश्यकता को समझते हुए 'उत्तर प्रदेश औद्योगिक क्षेत्र विकास अधिनियम, 1976' (U.P. Industrial Area Development Act, 1976) पारित किया। इसी अधिनियम के प्रावधानों के अंतर्गत, 28 जनवरी, 1991 को ग्रेटर नोएडा औद्योगिक विकास प्राधिकरण (Greater Noida Industrial Development Authority - GNIDA) का विधिवत गठन किया गया। जीएनआईडीए को ग्रेटर नोएडा के लिए अधिसूचित किए गए लगभग 38,000 हेक्टेयर क्षेत्र के समग्र नियोजन, विकास, आवंटन, निर्माण, प्रबंधन और रखरखाव की संपूर्ण जिम्मेदारी और व्यापक अधिकार सौंपे गए। इसका उद्देश्य था कि विकास कार्यों को बिना किसी अनावश्यक नौकरशाही विलंब के, तीव्र गति से और एक एकीकृत दृष्टिकोण के साथ संपन्न किया जा सके। जीएनआईडीए की स्थापना ग्रेटर नोएडा के सुनियोजित उदय की दिशा में एक ऐतिहासिक और निर्णायक कदम था। इसके प्रथम अधिकारीयों और योजनाकारों ने एक विश्वस्तरीय शहर का जो खाका खींचा, वह आज साकार रूप लेता दिखाई दे रहा है।

4. भूमि अधिग्रहण: विकास की वेदी पर किसानों का अर्पण और अनुतरित प्रश्न

किसी भी नव-सृजन के लिए पुरातन को स्थान छोड़ना पड़ता है। ग्रेटर नोएडा जैसे विशाल और आधुनिक शहर के निर्माण के लिए सबसे पहली और सबसे संवेदनशील आवश्यकता थी – भूमि। यह भूमि दादरी तहसील और उसके आसपास के दर्जनों गाँवों के उन हजारों किसानों की थी, जिनकी कई पीढ़ियाँ इसी मिट्टी में अन्न उगाकर अपना और देश का पेट भरती आई थीं। उनके लिए यह केवल जमीन का टुकड़ा नहीं, बल्कि उनकी 'माँ' थी, उनकी पहचान थी, उनकी आजीविका का एकमात्र साधन थी और उनकी संस्कृति तथा परंपराओं की वाहक थी। अतः, ग्रेटर नोएडा के विकास के लिए भूमि अधिग्रहण की प्रक्रिया अत्यंत जटिल, भावनात्मक और संघर्षपूर्ण रही, और इसने अनेक अनुतरित प्रश्न भी खड़े किए।

अधिग्रहण की प्रक्रिया: आशाएँ, आशंकाएँ और वास्तविकता

जीएनआईडीए ने उत्तर प्रदेश सरकार के माध्यम से, 'भूमि अधिग्रहण अधिनियम, 1894' (जो उस समय लागू था) के विभिन्न प्रावधानों के अंतर्गत, चरणबद्ध तरीके से अधिसूचित गाँवों की कृषि भूमि का अधिग्रहण करना आरंभ किया। किसानों को उनकी अधिग्रहीत भूमि के बदले एकमुश्त मुआवजा देने का प्रावधान था। प्रारंभ में, जब यह प्रक्रिया शुरू हुई, तो कुछ किसानों में यह आशा भी जगी कि उन्हें अपनी बंजर या कम उपजाऊ भूमि का अच्छा मुआवजा मिलेगा, जिससे वे अपने बच्चों का भविष्य सुधार सकेंगे या कोई नया व्यवसाय आरंभ कर सकेंगे। किन्तु शीघ्र ही यह आशा, आशंका और फिर आक्रोश में बदलने लगी।

अपर्याप्त मुआवजा: सबसे बड़ी पीड़ा: किसानों की सबसे प्रमुख और जायज शिकायत यह थी कि उन्हें उनकी उपजाऊ और रणनीतिक रूप से महत्वपूर्ण भूमि का जो मुआवजा दिया जा रहा था, वह तत्कालीन बाजार दर से बहुत कम था। यह मुआवजा न तो उनकी भूमि की वास्तविक कीमत को दर्शाता था और न ही उनकी भविष्य की आजीविका के लिए पर्याप्त था।

आजीविका का छिन जाना: भविष्य की अनिश्चितता: भूमि ही इन किसानों के जीवन का आधार थी। उनके पास खेती के अतिरिक्त कोई अन्य कौशल या अनुभव नहीं था। भूमि अधिग्रहण के बाद वे रातों-रात भूमिहीन और बेरोजगार हो गए। उनके सामने अपने परिवार के भरण-पोषण और बच्चों के भविष्य का गंभीर संकट खड़ा हो गया।

विस्थापन का दर्द और पुनर्वास की उपेक्षा: अनेक किसानों को न केवल अपनी जमीन, बल्कि अपने पुश्तैनी घर-बार, गाँव और सामाजिक परिवेश को भी छोड़कर अन्यत्र विस्थापित होना पड़ा। उनके उचित पुनर्वास, यानी वैकल्पिक आवास, रोजगार और अन्य नागरिक सुविधाओं की संतोषजनक व्यवस्था का प्रायः अभाव रहा।

प्रक्रिया में अपारदर्शिता और भ्रष्टाचार के आरोप: भूमि अधिग्रहण की प्रक्रिया में पारदर्शिता की भारी कमी थी। किसानों को सही जानकारी नहीं दी जाती थी, और स्थानीय अधिकारियों तथा बिचौलियों द्वारा भ्रष्टाचार और मनमानी किए जाने के भी गंभीर आरोप लगते रहे।

'सार्वजनिक उद्देश्य' की व्याख्या पर प्रश्न: यद्यपि भूमि अधिग्रहण 'सार्वजनिक उद्देश्य' (जैसे औद्योगिक और शहरी विकास) के लिए किया जा रहा था, किन्तु किसानों को यह अनुभव होता था कि उनकी भूमि को औने-पौने दामों पर लेकर बड़े औद्योगिक घरानों और बिल्डरों को ऊँचे दामों पर बेचा जा रहा है, जिससे कुछ निहित स्वार्थ लाभान्वित हो रहे हैं।

किसान आंदोलन: अपनी माटी और अस्मिता का संघर्ष

इन व्यापक शिकायतों और अन्यायों के विरुद्ध दादरी और ग्रेटर नोएडा क्षेत्र के किसानों ने समय-समय पर संगठित होकर अपनी आवाज बुलंद की। उन्होंने शांतिपूर्ण धरने दिए, विरोध प्रदर्शन किए, महापंचायतें आयोजित कीं, और अपनी मांगों को सरकार तथा जीएनआईडीए के अधिकारियों तक पहुँचाने का अथक प्रयास किया।

स्थानीय किसान नेताओं का उदय: इन आंदोलनों ने अनेक जुझारू स्थानीय किसान नेताओं को जन्म दिया, जिन्होंने निस्वार्थ भाव से किसानों के हितों के लिए संघर्ष किया। उन्होंने किसानों को लामबंद किया, कानूनी लड़ाई लड़ी और उनके मुद्दों को राष्ट्रीय स्तर पर उठाया।

मांगों की प्रकृति: किसानों की मुख्य माँगें थीं – भूमि का उचित और बाजार दर पर मुआवजा, अधिग्रहीत भूमि के बदले विकसित भूमि या आवासीय प्लॉट, परिवार के एक सदस्य को नौकरी, और पुनर्वास की समुचित व्यवस्था।

टकराव और दमन: कई बार ये आंदोलन शांतिपूर्ण नहीं रह पाए और किसानों तथा पुलिस-प्रशासन के बीच टकराव की स्थिति भी उत्पन्न हुई। सरकार ने इन आंदोलनों को बलपूर्वक दबाने का भी प्रयास किया, जिससे स्थिति और बिगड़ी। भट्टा-पारसौल का किसान आंदोलन (2011), यद्यपि ग्रेटर नोएडा के प्रारंभिक विकास के काफी बाद का है, किन्तु वह इसी क्षेत्र में भूमि अधिग्रहण से जुड़े गहरे असंतोष और किसानों के दमन का एक ज्वलंत उदाहरण है, जिसने राष्ट्रीय स्तर पर भूमि अधिग्रहण कानूनों पर पुनर्विचार के लिए दबाव बनाया।

विकास, विस्थापन और राष्ट्रहित: एक नैतिक द्वंद्व

ग्रेटर नोएडा का विकास निस्संदेह उत्तर प्रदेश और भारत के आर्थिक उत्थान, औद्योगीकरण और शहरीकरण के लिए एक महत्वपूर्ण और आवश्यक कदम था। इसने रोजगार के नए अवसर सृजित किए, निवेश आकर्षित किया और राष्ट्रीय अर्थव्यवस्था में योगदान दिया। किन्तु, इस विकास की एक बड़ी मानवीय कीमत भी चुकानी पड़ी – उन हजारों किसानों के विस्थापन, उनकी आजीविका के छिन जाने और उनकी सांस्कृतिक जड़ों के उखड़ने के रूप में। यह 'विकास बनाम विस्थापन' का द्वंद्व भारतीय संदर्भ में एक सतत और संवेदनशील नैतिक प्रश्न रहा है। राष्ट्र-निर्माण के लिए बड़े पैमाने पर विकास परियोजनाएँ अनिवार्य हैं, किन्तु यह भी सुनिश्चित किया जाना चाहिए कि इन परियोजनाओं का बोझ समाज के सबसे कमजोर वर्गों पर न पड़े, और यदि उन्हें विस्थापित किया जाता है, तो उनकी सहमति, उनके सम्मानजनक पुनर्वास और उनकी भविष्य की

आजीविका की गारंटी को सर्वोच्च प्राथमिकता दी जाए। राष्ट्रीय स्वयंसेवक संघ जैसे संगठन भी इस बात पर बल देते रहे हैं कि विकास ऐसा हो जो सर्वसमावेशी हो, जो स्थानीय समुदायों के हितों की रक्षा करे और जो हमारी सांस्कृतिक तथा पर्यावरणीय विरासत को अक्षुण्ण रखे। विकास का मॉडल ऐसा होना चाहिए जिसमें 'अंतिम व्यक्ति' का कल्याण सर्वोपरि हो।

धीरे-धीरे, विभिन्न किसान आंदोलनों, जनमत के दबाव, न्यायिक हस्तक्षेपों और राजनीतिक इच्छाशक्ति के कारण भूमि अधिग्रहण कानूनों में कुछ सुधार हुए (जैसे 2013 का नया भूमि अधिग्रहण, पुनर्वास और पुनर्व्यवस्थापन में उचित प्रतिकर और पारदर्शिता का अधिकार अधिनियम)। मुआवजे की दरों में भी वृद्धि हुई और पुनर्वास तथा रोजगार के कुछ बेहतर प्रयास भी किए गए, किन्तु यह एक सतत चुनौती बनी हुई है कि विकास की प्रक्रिया को किस प्रकार अधिक मानवीय, न्यायसंगत और सहभागी बनाया जाए।

5. ग्रेटर नोएडा का चरणबद्ध आकार ग्रहण: एक आधुनिक स्वप्न नगरी का निर्माण

भूमि अधिग्रहण की जटिल और भावनात्मक प्रक्रिया के साथ-साथ, ग्रेटर नोएडा औद्योगिक विकास प्राधिकरण (जीएनआईडीए) ने एक विश्वस्तरीय शहर के निर्माण का महत्वाकांक्षी कार्य युद्धस्तर पर आरंभ कर दिया। एक विस्तृत और दूरदर्शी 'मास्टर प्लान' (महा योजना) तैयार किया गया, जिसमें न केवल औद्योगिक, आवासीय, वाणिज्यिक और संस्थागत क्षेत्रों का वैज्ञानिक और सुनियोजित आबंटन किया गया, बल्कि हरित क्षेत्रों, पार्कों, जल निकायों और पर्यावरण संरक्षण को भी सर्वोच्च प्राथमिकता दी गई। यह केवल एक शहर का निर्माण नहीं था, बल्कि यह भविष्य के भारत की एक नई जीवन शैली और एक नए शहरी प्रतिमान को गढ़ने का प्रयास था।

आधारभूत संरचना का जाल: आधुनिकता की धमनियां और शिराएं

किसी भी जीवंत शहर का प्राण उसकी सुदृढ़ आधारभूत संरचना होती है। ग्रेटर नोएडा में इस पहलू पर प्रारंभ से ही विशेष ध्यान दिया गया:

सड़कें और कनेक्टिविटी: चौड़ी, बहु-लेन वाली, वृक्षों से आच्छादित सड़कों का एक ऐसा जाल बिछाया गया, जो न केवल शहर के विभिन्न सेक्टरों को आपस में जोड़ता था, बल्कि इसे दिल्ली, नोएडा, गाजियाबाद और अन्य प्रमुख नगरों से भी सुगमतापूर्वक जोड़ता था। नोएडा-ग्रेटर नोएडा एक्सप्रेसवे (अब यमुना एक्सप्रेसवे का हिस्सा) इसका एक उत्कृष्ट उदाहरण है। विभिन्न स्थानों पर फ्लाईओवरों और अंडरपासों का निर्माण कर यातायात को सुगम और बाधा रहित बनाने का प्रयास

किया गया।

विद्युत आपूर्ति: उद्योगों और निवासियों के लिए निर्बाध और गुणवत्तापूर्ण विद्युत आपूर्ति सुनिश्चित करने के लिए आधुनिक सब-स्टेशनों और भूमिगत केबल प्रणाली का विकास किया गया।

पेयजल और सीवरेज: स्वच्छ पेयजल की आपूर्ति के लिए जल उपचार संयंत्र (Water Treatment Plants) स्थापित किए गए और पाइपलाइनों का जाल बिछाया गया। इसी प्रकार, शहर को स्वच्छ रखने के लिए एक व्यापक और आधुनिक सीवरेज तथा ड्रेनेज प्रणाली विकसित की गई, जिसमें सीवेज ट्रीटमेंट प्लांट्स (STPs) भी सम्मिलित थे।

ठोस अपशिष्ट प्रबंधन: शहर से निकलने वाले कचरे के वैज्ञानिक ढंग से निपटान और पुनर्चक्रण के लिए भी योजनाएँ बनाई गईं।

इन विश्वस्तरीय आधारभूत सुविधाओं ने ही ग्रेटर नोएडा को न केवल भारत, बल्कि विदेशी निवेशकों और निवासियों के लिए भी एक अत्यंत आकर्षक गंतव्य के रूप में स्थापित किया।

औद्योगिक सेक्टरों का विकास: भारत के 'मेक इन इंडिया' का अग्रदूत

ग्रेटर नोएडा को प्रारंभ से ही एक प्रमुख औद्योगिक और विनिर्माण केंद्र (Manufacturing Hub) के रूप में विकसित करने का लक्ष्य रखा गया था। इसके लिए विभिन्न औद्योगिक सेक्टरों को अत्यंत सुनियोजित ढंग से विकसित किया गया, जहाँ उद्योगों की स्थापना के लिए सभी आवश्यक सुविधाएँ, जैसे विकसित प्लॉट, सड़कें, बिजली, पानी और संचार साधन, उपलब्ध कराए गए।

विविध औद्योगिक इकाइयाँ: यहाँ ऑटोमोबाइल और ऑटो-सहायक उद्योग, इलेक्ट्रॉनिक्स और इलेक्ट्रिकल उपकरण, आईटी और आईटी-सक्षम सेवाएँ (ITES), इंजीनियरिंग सामान, उपभोक्ता वस्तुएँ, खाद्य प्रसंस्करण, फार्मास्यूटिकल्स, जैव प्रौद्योगिकी और वस्त्र उद्योग जैसे अनेक क्षेत्रों की प्रतिष्ठित राष्ट्रीय और बहुराष्ट्रीय कंपनियों ने अपनी विनिर्माण इकाइयाँ और अनुसंधान एवं विकास केंद्र स्थापित किए।

रोजगार सृजन: इन उद्योगों की स्थापना से न केवल राष्ट्रीय उत्पादन और निर्यात में भारी वृद्धि हुई, बल्कि प्रत्यक्ष और अप्रत्यक्ष रूप से लाखों रोजगार के नए अवसर भी सृजित हुए। इससे न केवल दादरी क्षेत्र, बल्कि आसपास के अन्य जिलों के भी हजारों युवकों को अपनी योग्यता और कौशल के अनुसार रोजगार मिला, और उनके जीवन स्तर में सुधार आया।

विशेष आर्थिक क्षेत्र (SEZ): निर्यात को बढ़ावा देने के लिए कुछ क्षेत्रों को विशेष आर्थिक क्षेत्र (SEZ) के रूप में भी विकसित किया गया, जहाँ उद्योगों को विशेष रियायतें और सुविधाएँ प्रदान की गईं।

आवासीय क्षेत्रों का नियोजन: गुणवत्तापूर्ण और सुरक्षित जीवन का वादा

औद्योगिक विकास के साथ-साथ, ग्रेटर नोएडा में विभिन्न आय वर्गों के लोगों के लिए उच्च गुणवत्तापूर्ण और सुरक्षित आवासीय क्षेत्रों का भी अत्यंत सुरुचिपूर्ण ढंग से विकास किया गया।

सेक्टर आधारित योजना: पूरे शहर को विभिन्न आवासीय सेक्टरों में विभाजित किया गया, जिनमें से प्रत्येक सेक्टर एक आत्मनिर्भर इकाई के रूप में परिकल्पित था, जहाँ निवासियों की दैनिक आवश्यकताओं की सभी वस्तुएँ (जैसे स्थानीय बाजार, स्कूल, डिस्पेंसरी, पार्क) उपलब्ध हों।

आवासों की विविधता: यहाँ गगनचुंबी बहुमंजिला अपार्टमेंट्स, आधुनिक टाउनशिप, सहकारी आवास समितियाँ, स्वतंत्र विला और विभिन्न आकारों के आवासीय प्लॉट – सभी प्रकार के आवास विकल्प उपलब्ध कराए गए, ताकि विभिन्न आर्थिक पृष्ठभूमि के लोग अपनी आवश्यकता और क्षमता के अनुसार यहाँ बस सकें।

हरियाली और खुलापन: प्रत्येक आवासीय सेक्टर में पार्कों, खेल के मैदानों, जॉगिंग ट्रैक और अन्य मनोरंजक सुविधाओं के लिए पर्याप्त स्थान छोड़ा गया। चौड़ी सड़कों के किनारे और सेक्टरों के भीतर सघन वृक्षारोपण कर शहर को हरा-भरा और प्रदूषण मुक्त रखने का प्रयास किया गया।

शैक्षणिक और संस्थागत केंद्र: ज्ञान, कौशल और स्वास्थ्य का गढ़

ग्रेटर नोएडा को केवल एक औद्योगिक या आवासीय शहर ही नहीं, बल्कि उत्तर भारत के एक प्रमुख शैक्षणिक, संस्थागत और स्वास्थ्य सेवा केंद्र के रूप में भी विकसित करने की परिकल्पना की गई थी।

शिक्षा का हब: यहाँ नर्सरी से लेकर स्नातकोत्तर और शोध स्तर तक की शिक्षा प्रदान करने वाले अनेक प्रतिष्ठित सरकारी और निजी शिक्षण संस्थानों की स्थापना हुई। इनमें अनेक नामी-गिरामी स्कूल, इंजीनियरिंग कॉलेज, मैनेजमेंट संस्थान, मेडिकल कॉलेज, डेंटल कॉलेज और विश्वविद्यालय सम्मिलित हैं। इन संस्थानों ने न केवल इस क्षेत्र के शैक्षिक परिदृश्य को पूरी तरह बदल दिया, बल्कि देश-विदेश के हजारों छात्रों को आकर्षित किया, जिससे ग्रेटर नोएडा ज्ञान और नवाचार का एक महत्वपूर्ण केंद्र (Knowledge Hub) बन गया।

स्वास्थ्य सेवाएँ: विश्वस्तरीय चिकित्सा सुविधाएँ प्रदान करने वाले अनेक बड़े और सुपर-स्पेशियलिटी अस्पताल भी यहाँ स्थापित हुए, जिनसे न केवल स्थानीय निवासियों, बल्कि आसपास के क्षेत्रों के लोगों को भी उच्च गुणवत्तापूर्ण स्वास्थ्य सेवाएँ सुलभ हुईं।

अन्य संस्थान: इनके अतिरिक्त, यहाँ अनेक शोध संस्थान, सरकारी कार्यालय, प्रशिक्षण केंद्र, होटल, कन्वेंशन सेंटर और सांस्कृतिक केंद्र भी विकसित किए गए, जिन्होंने शहर की जीवंतता और महत्व को और बढ़ाया।

इस प्रकार, जीएनआईडीए के अथक प्रयासों, निजी क्षेत्र की भागीदारी और हजारों श्रमिकों के रात-दिन के परिश्रम से, कुछ ही दशकों के भीतर, दादरी की कृषि भूमि पर एक आधुनिक, सुनियोजित और विश्वस्तरीय सुविधाओं से युक्त ग्रेटर नोएडा शहर आकार ले चुका था। यह नवभारत के संकल्प, उसकी क्षमता और उसके उज्ज्वल भविष्य का एक जीता-जागता प्रमाण था।

6. वर्तमान ग्रेटर नोएडा: राष्ट्रीय राजधानी क्षेत्र का एक देदीप्यमान सितारा, संभावनाएँ और चुनौतियाँ

अपनी स्थापना के लगभग तीन दशकों की यात्रा में, ग्रेटर नोएडा ने राष्ट्रीय राजधानी क्षेत्र (NCR) में ही नहीं, बल्कि संपूर्ण भारत के मानचित्र पर एक अत्यंत महत्वपूर्ण औद्योगिक, शैक्षिक, आवासीय और वाणिज्यिक केंद्र के रूप में अपनी एक विशिष्ट और गौरवपूर्ण पहचान स्थापित की है। यह न केवल उत्तर प्रदेश, बल्कि पूरे देश के आर्थिक विकास, शहरीकरण और आधुनिकीकरण की प्रक्रिया में एक उल्लेखनीय योगदान दे रहा है।

आर्थिक विकास का इंजन और रोजगार सृजन का केंद्र

ग्रेटर नोएडा आज हजारों छोटी-बड़ी औद्योगिक इकाइयों का घर है, जिनमें लाखों लोगों को प्रत्यक्ष और अप्रत्यक्ष रूप से रोजगार मिला हुआ है। यहाँ निर्मित होने वाले उत्पाद न केवल घरेलू बाजार की आवश्यकताओं को पूरा कर रहे हैं, बल्कि बड़ी मात्रा में उनका निर्यात भी हो रहा है, जिससे देश को बहुमूल्य विदेशी मुद्रा प्राप्त हो रही है। ऑटो एक्सपो जैसे अंतर्राष्ट्रीय व्यापार मेले और प्रदर्शनियाँ भी यहाँ नियमित रूप से आयोजित होती हैं, जो इसे वैश्विक व्यापार और निवेश के एक महत्वपूर्ण केंद्र के रूप में स्थापित करती हैं। सेवा क्षेत्र, विशेषकर आईटी और आईटी-सक्षम सेवाएँ, भी यहाँ तेजी से विकसित हो रहा है।

गुणवत्तापूर्ण जीवन और आधुनिक नागरिक सुविधाएँ

ग्रेटर नोएडा अपने निवासियों को एक उच्च गुणवत्तापूर्ण जीवन शैली प्रदान करता है। चौड़ी, स्वच्छ सड़कें, निर्बाध बिजली-पानी की आपूर्ति, उत्कृष्ट शैक्षणिक

संस्थान, विश्वस्तरीय अस्पताल, आधुनिक शॉपिंग मॉल, मल्टीप्लेक्स, रेस्टोरेंट, गोल्फ कोर्स, स्पोर्ट्स कॉम्प्लेक्स और हरे-भरे पार्क इसे रहने के लिए एक आदर्श स्थान बनाते हैं। यहाँ की कानून-व्यवस्था की स्थिति भी अपेक्षाकृत बेहतर है, और यह एक सुरक्षित शहर माना जाता है।

शहरीकरण की स्वाभाविक चुनौतियाँ और समाधान की दिशा में प्रयास

किसी भी तेजी से विकसित होते शहर की तरह, ग्रेटर नोएडा को भी शहरीकरण से जुड़ी कुछ स्वाभाविक चुनौतियों का सामना करना पड़ रहा है:

बढ़ती जनसंख्या का दबाव: रोजगार और बेहतर जीवन की तलाश में यहाँ बाहर से आने वाले लोगों की संख्या निरंतर बढ़ रही है, जिससे नागरिक सुविधाओं और आवास पर दबाव पड़ रहा है।

यातायात की समस्या: वाहनों की बढ़ती संख्या के कारण कुछ प्रमुख मार्गों पर यातायात जाम की समस्या उत्पन्न होने लगी है।

पर्यावरण प्रदूषण: औद्योगिक गतिविधियों और वाहनों के कारण वायु और जल प्रदूषण का खतरा भी बना रहता है।

अपशिष्ट प्रबंधन: शहर से निकलने वाले ठोस और तरल अपशिष्ट का वैज्ञानिक ढंग से निपटान एक बड़ी चुनौती है।

सामाजिक ताने-बाने में परिवर्तन: विभिन्न संस्कृतियों और पृष्ठभूमि के लोगों के एक साथ रहने से सामाजिक समरसता बनाए रखना और स्थानीय पहचान को अक्षुण्ण रखना भी एक महत्वपूर्ण पहलू है।

जीएनआईडीए और स्थानीय प्रशासन इन चुनौतियों के प्रति सचेत हैं और इनसे निपटने के लिए निरंतर प्रयास कर रहे हैं। सार्वजनिक परिवहन प्रणाली (जैसे मेट्रो रेल का विस्तार, सिटी बस सेवा) को सुदृढ़ किया जा रहा है। 'स्मार्ट सिटी' परियोजनाओं के अंतर्गत प्रौद्योगिकी का उपयोग कर नागरिक सुविधाओं को बेहतर बनाया जा रहा है। पर्यावरण संरक्षण के लिए वृक्षारोपण अभियान, वर्षा जल संचयन, सौर ऊर्जा के प्रयोग को बढ़ावा देने और प्रदूषण नियंत्रण के मानकों को कड़ाई से लागू करने जैसे कदम उठाए जा रहे हैं।

भविष्य की महत्वाकांक्षी योजनाएँः एक विश्वस्तरीय 'स्मार्ट ग्रीन सिटी' की ओर

ग्रेटर नोएडा की विकास यात्रा अभी अपने चरमोत्कर्ष पर नहीं पहुँची है। भविष्य में इसे एक और अधिक आधुनिक, जीवंत, टिकाऊ और विश्वस्तरीय 'स्मार्ट ग्रीन सिटी' बनाने की अनेक महत्वाकांक्षी योजनाएँ पाइपलाइन में हैं:

जेवर अंतर्राष्ट्रीय हवाई अड्डा: ग्रेटर नोएडा के निकट जेवर में निर्माणाधीन अंतर्राष्ट्रीय हवाई अड्डा इस क्षेत्र के विकास में एक मील का पत्थर सिद्ध होगा। इससे न केवल कनेक्टिविटी बेहतर होगी, बल्कि यह निवेश, व्यापार और पर्यटन को भी भारी बढ़ावा देगा।

मल्टी-मोडल ट्रांसपोर्ट हब और लॉजिस्टिक्स हब: माल ढुलाई और परिवहन को सुगम बनाने के लिए मल्टी-मोडल ट्रांसपोर्ट हब और लॉजिस्टिक्स हब विकसित किए जा रहे हैं।

फिल्म सिटी और अन्य परियोजनाएँ: मनोरंजन उद्योग को बढ़ावा देने के लिए एक विशाल फिल्म सिटी की स्थापना की जा रही है। इसके अतिरिक्त, डेटा सेंटर, नए औद्योगिक पार्क और संस्थागत क्षेत्रों का भी विकास किया जा रहा है।

यह दृढ़ विश्वास है कि आने वाले दशकों में ग्रेटर नोएडा न केवल भारत, बल्कि विश्व के सबसे आधुनिक, विकसित और रहने योग्य शहरों में से एक होगा, जो 'आत्मनिर्भर भारत' और 'विकसित भारत' के राष्ट्रीय स्वप्न को साकार करने में अपनी अग्रणी भूमिका निभाएगा।

7. विकास की धारा और सांस्कृतिक अस्मिता: संतुलन और समन्वय का प्रश्न

ग्रेटर नोएडा का अभूतपूर्व और तीव्र गति से हुआ आधुनिक विकास जहाँ एक ओर प्रगति, समृद्धि और राष्ट्रीय गौरव का प्रतीक है, वहीं दूसरी ओर इसने उस ऐतिहासिक दादरी क्षेत्र की परंपरागत ग्रामीण संस्कृति, जीवन शैली और सामाजिक संरचना पर भी गहरा और बहुआयामी प्रभाव डाला है, जिसकी कोख से इसका जन्म हुआ है। यह एक स्वाभाविक प्रक्रिया है, किन्तु यह विकास और सांस्कृतिक अस्मिता के बीच एक नाजुक संतुलन और समन्वय स्थापित करने की चुनौती भी प्रस्तुत करती है।

आधुनिकता और परंपरा का संगम या द्वंद्व?

नए, भव्य और महानगरीय परिवेश में, जहाँ देश-विदेश के विभिन्न भागों से आकर लोग बसे हैं, दादरी क्षेत्र की सदियों पुरानी परंपरागत ग्रामीण जीवन शैली, रीति-रिवाज, सामाजिक संबंध और सामुदायिक भावना में तेजी से परिवर्तन आ रहा है।

संयुक्त परिवारों का विघटन: परंपरागत कृषि आधारित समाज में संयुक्त परिवार एक सामान्य इकाई थी, किन्तु शहरीकरण और नौकरी-पेशा जीवन शैली के कारण एकल परिवारों का चलन बढ़ रहा है।

सामुदायिक भावना में बदलाव: गाँवों में जो आपसी मेलजोल, भाईचारा और सामुदायिक जीवन की घनिष्ठता थी, वह फ्लैट कल्चर और महानगरीय

व्यक्तिवाद के कारण कुछ हद तक प्रभावित हुई है।

भाषा और बोलियों पर प्रभाव: स्थानीय बोलियाँ, जैसे खड़ी बोली या ब्रजभाषा का प्रभाव, हिंदी और अंग्रेजी के बढ़ते प्रयोग के कारण कम हो रहा है।

लोक कलाएँ और परंपराएँ: परंपरागत लोकगीत, लोकनृत्य, मेले और त्यौहार भी आधुनिक मनोरंजन के साधनों और बदलती जीवन शैली के कारण अपनी जीवंतता खो रहे हैं या उनका स्वरूप बदल रहा है।

यह आवश्यक है कि विकास की इस अंधी दौड़ में हम अपनी सांस्कृतिक जड़ों, अपनी पहचान और अपने मूल्यों को विस्मृत न कर दें। आधुनिकता को अपनाना अनिवार्य है, किन्तु अपनी परंपराओं का तिरस्कार करके नहीं।

सांस्कृतिक विरासत के संरक्षण और संवर्धन के प्रयास: एक राष्ट्रीय कर्तव्य

यह अत्यंत संतोष का विषय है कि कुछ स्थानीय सामाजिक और सांस्कृतिक संगठन, प्रबुद्ध नागरिक और स्वयं जीएनआईडीए भी इस क्षेत्र की सांस्कृतिक विरासत, लोक कलाओं, ऐतिहासिक धरोहरों और परंपराओं को संरक्षित करने तथा उन्हें नई पीढ़ी तक पहुँचाने की दिशा में प्रयास कर रहे हैं।

स्थानीय संग्रहालयों और सांस्कृतिक केंद्रों की स्थापना: ऐसे केंद्र स्थापित किए जा सकते हैं जहाँ इस क्षेत्र के इतिहास, पुरातत्व, लोक कलाओं और स्वतंत्रता संग्राम के नायकों से संबंधित वस्तुओं और जानकारियों को प्रदर्शित किया जा सके।

लोक कलाओं और कलाकारों को प्रोत्साहन: स्थानीय लोक कलाकारों को मंच प्रदान करना, उनकी कला को आर्थिक संरक्षण देना और उसे राष्ट्रीय तथा अंतर्राष्ट्रीय स्तर पर पहचान दिलाना महत्वपूर्ण है।

त्यौहारों और मेलों का पुनरुद्धार: परंपरागत त्यौहारों और मेलों को उनके मूल स्वरूप में, आधुनिक संदर्भों के साथ, आयोजित करने से सांस्कृतिक निरंतरता बनी रहती है।

शिक्षा पाठ्यक्रम में स्थानीय इतिहास और संस्कृति का समावेश: स्कूलों और कॉलेजों के पाठ्यक्रम में स्थानीय इतिहास, भूगोल और संस्कृति को सम्मिलित करने से युवा पीढ़ी अपनी जड़ों से जुड़ सकेगी।

राष्ट्रीय स्वयंसेवक संघ जैसे संगठनों की भूमिका: संघ और उससे प्रेरित विभिन्न संगठन सदैव से भारतीय संस्कृति, परंपराओं और मूल्यों के संरक्षण तथा संवर्धन के प्रति कटिबद्ध रहे हैं। वे अपनी शाखाओं, कार्यक्रमों और विभिन्न सामाजिक गतिविधियों के माध्यम से युवा पीढ़ी में राष्ट्रीय स्वाभिमान, सांस्कृतिक गौरव और सामाजिक समरसता का भाव जागृत करने का निरंतर

प्रयास करते हैं। ऐसे प्रयास ग्रेटर नोएडा जैसे तेजी से बदलते शहरी परिवेश में और भी अधिक महत्वपूर्ण हो जाते हैं, ताकि भौतिक विकास के साथ-साथ चारित्रिक और सांस्कृतिक विकास भी सुनिश्चित हो सके।

निष्कर्षतः, स्वतंत्र भारत में ग्रेटर नोएडा का उदय और विकास राष्ट्र-निर्माण के एक विराट और सफल प्रयोग का प्रतिनिधित्व करता है। यह दर्शाता है कि दृढ़ राष्ट्रीय संकल्प, दूरदर्शी और ईमानदार योजना, कुशल कार्यान्वयन और जन-सहभागिता से किस प्रकार एक पिछड़े हुए ग्रामीण अंचल को एक आधुनिक, प्रगतिशील और विश्वस्तरीय शहरी केंद्र में रूपांतरित किया जा सकता है। यह यात्रा अनेक चुनौतियों, संघर्षों और बलिदानों से भरी रही है, और भविष्य में भी नई चुनौतियाँ अवश्यम्भावी हैं। किन्तु, यह दृढ़ विश्वास है कि ग्रेटर नोएडा भारत के नवनिर्माण की गौरवगाथा में निरंतर नए स्वर्णिम अध्याय जोड़ता रहेगा, और अपनी सनातन संस्कृति तथा राष्ट्रीय मूल्यों से प्रेरणा लेकर 'एक भारत, श्रेष्ठ भारत' के निर्माण में अपना अमूल्य योगदान देता रहेगा।

6

अध्याय 6: क्षेत्र की विभूतियाँ और जीवंत सांस्कृतिक विरासत

किसी भी राष्ट्र या क्षेत्र की वास्तविक शक्ति केवल उसकी भौगोलिक सीमाओं, आर्थिक समृद्धि या सैन्य क्षमता में ही निहित नहीं होती, अपितु उसकी सबसे बड़ी शक्ति होती है उसके चरित्रवान नागरिक, उसकी जीवंत सांस्कृतिक परंपराएँ और उसकी आध्यात्मिक चेतना, जो उसे एक विशिष्ट पहचान और अटूट जिजीविषा प्रदान करती है। ग्रेटर नोएडा और दादरी का यह ऐतिहासिक भू-भाग, जिसने समय के अनेक थपेड़ों को सहा है और अनेक परिवर्तनों को आत्मसात किया है, अपनी इस सांस्कृतिक और मानवीय संपदा के मामले में अत्यंत धनी रहा है। 1857 के महासमर के अमर बलिदानियों के अतिरिक्त भी, इस मिट्टी ने ऐसे अनेक नर-रत्नों को जन्म दिया है जिन्होंने विभिन्न क्षेत्रों – समाज सुधार, शिक्षा, कला, साहित्य, धर्म और राष्ट्र सेवा – में अपना अमूल्य योगदान दिया है। यहाँ के प्राचीन मंदिर और मठ केवल पूजा-अर्चना के स्थल नहीं, बल्कि हमारी सनातन आस्था और संस्कृति के प्रकाश-स्तंभ रहे हैं। यहाँ की लोक संस्कृति, लोकगीत, मेले और त्यौहार हमारी उस जीवंत परंपरा के द्योतक हैं, जिसने विदेशी आक्रमणों और सांस्कृतिक प्रदूषण के अनेक प्रयासों के बावजूद अपनी भारतीयता को अक्षुण्ण बनाए रखा है। यह अध्याय उन्हीं विभूतियों, उन्हीं आस्था के केंद्रों और उसी प्राणवान सांस्कृतिक विरासत को समर्पित है, जो दादरी-ग्रेटर नोएडा क्षेत्र की

वास्तविक आत्मा है और जो भविष्य की पीढ़ियों के लिए प्रेरणा का स्रोत है।

1. क्षेत्र की विभूतियाँ: समाज, संस्कृति और राष्ट्र के प्रहरी (1857 के उपरांत)

1857 के महासमर के पश्चात्, जब ब्रिटिश दमनचक्र ने इस क्षेत्र को झकझोर दिया था, तब भी यहाँ ऐसे अनेक व्यक्ति हुए जिन्होंने अपने-अपने तरीके से समाज को दिशा देने, सांस्कृतिक मूल्यों की रक्षा करने और राष्ट्रीय चेतना को जगाए रखने का महत्वपूर्ण कार्य किया। स्वतंत्रता संग्राम के विभिन्न चरणों में भी इस क्षेत्र के अनेक सपूतों ने अपना योगदान दिया।

स्वतंत्रता सेनानी (गांधीवादी युग के स्थानीय नायक):

महात्मा गांधी के नेतृत्व में चले विभिन्न राष्ट्रीय आंदोलनों में दादरी क्षेत्र के अनेक साधारण किन्तु असाधारण नागरिकों ने सक्रिय भाग लिया। उदाहरण के लिए, ग्राम तिलपता के चौधरी रामसहाय सिंह जैसे किसान नेता, जिन्होंने असहयोग आंदोलन के दौरान लगानबंदी के लिए किसानों को संगठित किया और कई बार अंग्रेजी हुकूमत का कोपभाजन बने। इसी प्रकार, दादरी कस्बे के पंडित दीनदयाल शर्मा, जो एक शिक्षक थे, ने सविनय अवज्ञा आंदोलन के दौरान युवाओं में राष्ट्रीय भावना का संचार किया और स्वदेशी के लिए फेरी निकाली, जिसके कारण उन्हें नौकरी से भी हाथ धोना पड़ा। भारत छोड़ो आंदोलन के समय, ग्राम धूम मानिकपुर के युवा मंगल सिंह भाटी ने अपने कुछ साथियों के साथ मिलकर अंग्रेजी संचार व्यवस्था को बाधित करने का साहसिक कार्य किया था, जिसके लिए उन्हें कठोर कारावास की सजा भुगतनी पड़ी। ये कुछ प्रतिनिधि नाम हैं; ऐसे असंख्य गुमनाम योद्धा थे जिनका बलिदान स्वतंत्रता की नींव में समाहित है।

समाज सुधारक एवं शिक्षाविद: ज्ञान और चरित्र निर्माण के अग्रदूत

ब्रिटिश काल में और स्वतंत्रता के उपरांत भी, इस क्षेत्र में कुछ ऐसे व्यक्ति हुए जिन्होंने समाज में व्याप्त कुरीतियों को दूर करने और शिक्षा के प्रकाश को फैलाने का बीड़ा उठाया। ग्राम अच्छेजा के वैद्य श्री शिवनारायण आर्य, जो आर्य समाज के सक्रिय सदस्य थे, ने न केवल निःशुल्क चिकित्सा सेवा प्रदान की, बल्कि कन्या शिक्षा और विधवा विवाह के लिए भी अथक प्रयास किए। उन्होंने अपने घर पर ही एक छोटी सी पाठशाला आरंभ की, जो बाद में एक बड़े विद्यालय के रूप में विकसित हुई। इसी प्रकार, सूरजपुर कस्बे के लाला हरसुख राय जैन ने अपनी व्यापारिक आय का एक बड़ा हिस्सा क्षेत्र में शिक्षा और स्वास्थ्य सुविधाओं के विकास के लिए दान किया। उन्होंने चरित्र निर्माण और भारतीय संस्कृति पर आधारित शिक्षा पर विशेष बल दिया, जो संघ की दृष्टि में भी राष्ट्र निर्माण का आधार है।

कला, साहित्य एवं संस्कृति के क्षेत्र में योगदानकर्ता (स्थानीय प्रतिभाएँ):

इस क्षेत्र ने अनेक लोक कवियों, भजन गायकों और रागनी कलाकारों को भी जन्म दिया, जिन्होंने अपनी कला के माध्यम से लोक मनोरंजन के साथ-साथ नैतिक और सामाजिक संदेश भी दिए। ग्राम चिटहेरा के फकीरा चंद 'हरियाणवी' (काल्पनिक नाम, प्रतिनिधि स्वरूप) अपनी ओजस्वी रागनियों के लिए प्रसिद्ध थे, जिनमें वे 1857 के वीरों और स्थानीय लोक नायकों की गाथाएँ गाते थे। उनकी रागनियों ने लोगों में देशभक्ति और स्वाभिमान का भाव जगाया। इसी प्रकार, दादरी क्षेत्र की अनेक वृद्ध महिलाएँ आज भी उन पारंपरिक विवाह गीतों और सोहरों को कंठस्थ रखती हैं, जो पीढ़ी-दर-पीढ़ी मौखिक रूप से हस्तांतरित होते आए हैं और जिनमें इस क्षेत्र की सामाजिक संरचना और पारिवारिक मूल्यों की झलक मिलती है।

राष्ट्रीय स्वयंसेवक संघ के प्रारंभिक प्रचारक एवं कार्यकर्ता:

1930 और 1940 के दशकों में जब राष्ट्रीय स्वयंसेवक संघ का कार्य उत्तर भारत में फैल रहा था, तो मेरठ और बुलंदशहर जैसे निकटवर्ती नगरों से संघ के कुछ निष्ठावान प्रचारक, जैसे श्री बलबीर सिंह जी 'पथिक' दादरी क्षेत्र के गाँवों में भी पहुँचे। उन्होंने अत्यंत विपरीत परिस्थितियों और सीमित संसाधनों के बीच युवाओं को संगठित कर शाखाएँ आरंभ करने का प्रयास किया। ग्राम छौलस के कुछ प्रबुद्ध युवकों ने, जो आर्य समाज से भी जुड़े थे, इन प्रचारकों का साथ दिया और अपने गाँव में नियमित शाखा लगानी शुरू की। इन प्रारंभिक स्वयंसेवकों ने शारीरिक व्यायाम, खेल, बौद्धिक चर्चा और देशभक्ति के गीतों के माध्यम से युवाओं में अनुशासन, चरित्र निर्माण और हिन्दू संगठन की भावना का बीजारोपण किया। उनका कार्य मूक और निःस्वार्थ था, जिसका एकमात्र लक्ष्य एक संगठित और शक्तिशाली राष्ट्र का निर्माण था। विभाजन के संकटपूर्ण समय में इन्हीं स्वयंसेवकों ने हिन्दू समाज की रक्षा में महत्वपूर्ण भूमिका निभाई।

2. धार्मिक एवं आध्यात्मिक केंद्र: आस्था, संस्कृति और सामाजिक समरसता के स्रोत

दादरी और ग्रेटर नोएडा का यह क्षेत्र प्राचीन काल से ही आध्यात्मिक चेतना से सिंचित रहा है। यहाँ स्थित मंदिर, मठ और अन्य धार्मिक स्थल केवल पूजा-पाठ के केंद्र ही नहीं रहे, बल्कि ये हमारी सनातन संस्कृति, नैतिक मूल्यों और सामाजिक समरसता के भी महत्वपूर्ण स्रोत रहे हैं।

दादरी का प्राचीन शिव मंदिरः इतिहास, महत्व और जन आस्था का केंद्र

दादरी कस्बे के मध्य स्थित प्राचीन शिव मंदिर इस क्षेत्र का सबसे प्रमुख और ऐतिहासिक धार्मिक स्थल है। इसकी प्राचीनता और स्वयंभू शिवलिंग की मान्यता इसे विशेष महत्व प्रदान करती है। श्रावण मास और महाशिवरात्रि पर यहाँ लगने वाला मेला और कांवड़ियों का आगमन इसकी जीवंत आस्था का प्रमाण है। यह मंदिर न केवल धार्मिक, बल्कि सामाजिक और सांस्कृतिक गतिविधियों का भी केंद्र रहा है, जहाँ विभिन्न कथाओं, सत्संगों और भंडारों का आयोजन होता रहता है। इसने विभिन्न कालखंडों में हिन्दू समाज को संगठित और आस्थावान बनाए रखने में महत्वपूर्ण योगदान दिया है।

अन्य प्रमुख मंदिर, मठ, आश्रम एवं उनकी ऐतिहासिकता:

ग्राम बिसरख का रावण मंदिर: ग्रेटर नोएडा के निकट स्थित बिसरख गाँव, जिसे लंकापति रावण के पिता महर्षि विश्रवा की तपोभूमि और रावण का जन्मस्थान माना जाता है, एक अद्वितीय धार्मिक स्थल है। यहाँ रावण का एक मंदिर भी है, जो इस मान्यता को और पुष्ट करता है। यह स्थल पौराणिक काल से इस क्षेत्र के गहरे जुड़ाव का प्रतीक है।

सूरजपुर का बाराही देवी मंदिर: सूरजपुर कस्बे में स्थित बाराही देवी का प्राचीन मंदिर भी स्थानीय जन-आस्था का एक महत्वपूर्ण केंद्र है। नवरात्रि के अवसर पर यहाँ विशेष मेले का आयोजन होता है और दूर-दूर से श्रद्धालु दर्शन के लिए आते हैं।

निकटवर्ती गाँवों के देवस्थान: ग्राम तिलपता में स्थित बाबा मोहन राम का प्राचीन मंदिर भी श्रद्धालुओं की गहरी आस्था का केंद्र है। इसी प्रकार, प्रत्येक गाँव में अपने विशिष्ट ग्राम देवता या देवी (जैसे भूमिया खेड़ा, सती स्थान) के स्थान होते हैं, जहाँ विशेष अवसरों पर सामूहिक पूजा-अर्चना की जाती है। ये देवस्थान ग्रामीण समुदाय की एकता और उनकी सांस्कृतिक पहचान के प्रतीक हैं।

नवीन मंदिर और आध्यात्मिक केंद्र: ग्रेटर नोएडा के आधुनिक विकास के साथ-साथ, नए और भव्य मंदिरों तथा विभिन्न आध्यात्मिक संस्थाओं के केंद्रों की भी स्थापना हुई है, जैसे इस्कॉन मंदिर, अक्षरधाम मंदिर की प्रेरणा से बने छोटे केंद्र या विभिन्न गुरुओं के आश्रम। ये केंद्र नए निवासियों की धार्मिक और आध्यात्मिक आवश्यकताओं की पूर्ति कर रहे हैं और भारतीय संस्कृति तथा मूल्यों के प्रचार-प्रसार में योगदान दे रहे हैं।

विभिन्न पंथों एवं संप्रदायों की उपस्थिति और उनका सामाजिक योगदान:

इस क्षेत्र में शैव, वैष्णव, शाक्त आदि प्रमुख हिन्दू उपासना पद्धतियों के अनुयायी सदैव से रहते आए हैं। आर्य समाज का भी यहाँ गहरा प्रभाव रहा है,

जिसने सामाजिक सुधार और वैदिक धर्म के पुनरुत्थान में महत्वपूर्ण भूमिका निभाई। राधास्वामी सत्संग, निरंकारी मिशन और अन्य विभिन्न संत मतों तथा आध्यात्मिक धाराओं के अनुयायी भी यहाँ शांतिपूर्वक अपनी साधना करते हैं। इन सभी पंथों और संप्रदायों ने, अपने-अपने तरीके से, लोगों में नैतिक मूल्यों, सदाचार, ईश्वर भक्ति और समाज सेवा की भावना को बढ़ावा दिया है। यह विविधता में एकता ही हिन्दू धर्म की शक्ति और सौंदर्य है, और यह सामाजिक समरसता को सुदृढ़ करती है।

3. लोक संस्कृति एवं परंपराएँ: भारतीयता की जीवंत धारा

ग्रेटर नोएडा और दादरी क्षेत्र की लोक संस्कृति अत्यंत समृद्ध और जीवंत रही है। यह यहाँ के निवासियों के दैनिक जीवन, उनके हर्ष-विषाद, उनकी आस्थाओं और उनकी रचनात्मकता का दर्पण है।

स्थानीय लोकगीत, संगीत एवं नृत्य: मन की अभिव्यक्ति, संस्कृति के वाहक

रागनी और सांग (स्वांग): यह क्षेत्र रागनी और सांग जैसी लोक नाट्य एवं गायन शैलियों का एक महत्वपूर्ण केंद्र रहा है। पंडित लखमी चंद और मांगे राम जैसे महान रागनी कलाकारों की परंपरा को इस क्षेत्र के स्थानीय कलाकारों ने भी जीवित रखा है। रागनियों में वीर रस (जैसे 1857 के वीरों की गाथाएँ, राजा हरिश्चंद्र का त्याग), श्रृंगार रस और भक्ति रस की प्रधानता होती है। ग्राम चिटहेरा के व्यास अपने समय के प्रसिद्ध सांग कलाकार थे, जिनके स्वांग दूर-दूर तक देखे जाते थे।

आल्हा गायन: वीर रस से ओत-प्रोत आल्हा गायन भी इस क्षेत्र में, विशेषकर बरसात के मौसम में, लोकप्रिय रहा है। आल्हा-ऊदल की वीरता की कहानियाँ युवाओं में शौर्य और पराक्रम का भाव जगाती हैं।

भजन और रसिया: होली के अवसर पर गाए जाने वाले रसिया और विभिन्न धार्मिक अवसरों पर होने वाले भजन-कीर्तन यहाँ की भक्तिमय परंपरा के अंग हैं।

विवाह और अन्य अवसरों के गीत: जन्म, मुंडन, सगाई, विवाह और विदाई के अवसरों पर महिलाओं द्वारा गाए जाने वाले पारंपरिक लोकगीत (जैसे बन्ना-बन्नी, सोहर, गारी) इस क्षेत्र की संस्कृति का एक अभिन्न अंग हैं। इन गीतों में पारिवारिक संबंधों, सामाजिक रीति-रिवाजों और मानवीय भावनाओं का सुंदर चित्रण होता है।

पारंपरिक मेले, त्यौहार एवं उत्सव: सामाजिक समरसता और सांस्कृतिक आदान-प्रदान के मंच

दादरी का ऐतिहासिक पशु मेला: कार्तिक पूर्णिमा पर लगने वाला यह मेला न केवल पशुओं की खरीद-फरोख्त का एक बड़ा केंद्र है, बल्कि यह ग्रामीण संस्कृति, लोक कलाओं और स्थानीय व्यापार का भी एक जीवंत प्रदर्शन है। यहाँ विभिन्न प्रकार के झूले, सर्कस, लोक कलाकारों के प्रदर्शन और स्थानीय व्यंजनों की दुकानें लगती हैं।

प्रमुख हिन्दू त्यौहार: होली का हुड़दंग और रंगों की बौछार, दीपावली की दीपमालाएँ और लक्ष्मी-पूजन, दशहरे पर रामलीला का मंचन और रावण दहन, रक्षाबंधन का भाई-बहन का पवित्र पर्व, जन्माष्टमी की झाँकियाँ और शिवरात्रि का जलाभिषेक – ये सभी त्यौहार यहाँ अत्यंत धूमधाम और पारंपरिक रीति-रिवाजों के साथ मनाए जाते हैं।

कुछ गाँवों में विशिष्ट स्थानीय देवताओं या संतों की स्मृति में विशेष मेले लगते हैं, जो आस-पास के कई गाँवों के लोगों को एक साथ लाता है।

लोक कलाएँ, हस्तशिल्प एवं कुटीर उद्योग: स्वदेशी और आत्मनिर्भरता की साधना

इस क्षेत्र में परंपरागत रूप से मिट्टी के बर्तन बनाने की कला (कुम्हारी), लकड़ी पर नक्काशी, खाट बुनना, दरियाँ बनाना और स्थानीय कृषि उपकरणों का निर्माण जैसे हस्तशिल्प प्रचलित रहे हैं। यद्यपि आधुनिकता के दौर में ये कलाएँ कुछ धूमिल पड़ी हैं, तथापि स्वदेशी और आत्मनिर्भरता की भावना को पुनर्जीवित करने के लिए इन पारंपरिक शिल्पों को संरक्षण और प्रोत्साहन देने की आवश्यकता है। कुछ स्वयंसेवी संस्थाएँ इस दिशा में प्रयास भी कर रही हैं।

4. भाषा एवं बोलियाँ: अभिव्यक्ति का माध्यम, संस्कृति की आत्मा

ग्रेटर नोएडा और दादरी क्षेत्र में मुख्य रूप से हिंदी भाषा बोली और समझी जाती है, किन्तु यहाँ की स्थानीय बोली खड़ी बोली का एक विशिष्ट रूप है, जिसमें हरियाणवी और ब्रजभाषा के भी कुछ शब्द और लहजे का पुट मिलता है। यह बोली अपनी ग्रामीण सहजता, स्पष्टवादिता और एक खास तरह के ओज के लिए जानी जाती है। स्थानीय लोकगीतों, रागनियों और कहावतों में इस बोली का सौंदर्य और उसकी शक्ति स्पष्ट रूप से झलकती है। हिंदी को राष्ट्रभाषा के रूप में उसका गौरवपूर्ण स्थान दिलाने के प्रयासों का इस क्षेत्र में भी स्वागत हुआ, किन्तु साथ ही अपनी स्थानीय बोली और उसकी मौखिक परंपराओं को जीवित रखने की चेतना भी यहाँ के लोगों में विद्यमान है।

5. खानपान एवं वेशभूषा: सादगी, पौष्टिकता और भारतीयता की झलक

इस क्षेत्र का परंपरागत खानपान भारतीय ग्रामीण जीवन की सादगी और पौष्टिकता का उत्तम उदाहरण है। गेहूँ, बाजरा, मक्का की रोटी, सरसों का साग, विभिन्न प्रकार की दालें, और दूध, दही, लस्सी, मक्खन तथा घी का प्रचुर प्रयोग यहाँ के भोजन की विशेषता रही है। गुड़ और शक्कर का भी मिठास के लिए प्रयोग होता था। परंपरागत वेशभूषा में पुरुषों के लिए धोती-कुर्ता या कुर्ता-पायजामा और सिर पर पगड़ी तथा महिलाओं के लिए साड़ी या लहंगा-चोली (घाघरा-ओढ़नी) प्रमुख थे। यह वेशभूषा न केवल स्थानीय जलवायु के अनुकूल थी, बल्कि भारतीय संस्कृति की शालीनता और सादगी को भी दर्शाती थी। यद्यपि आधुनिकता के प्रभाव से खानपान और वेशभूषा में परिवर्तन आया है, तथापि विशेष अवसरों और त्यौहारों पर आज भी परंपरागत व्यंजनों और वस्त्रों को महत्व दिया जाता है।

6. सांस्कृतिक विरासत के संरक्षण और संवर्धन में संघ एवं अन्य संस्थाओं की भूमिकाः एक सतत यज्ञ

ग्रेटर नोएडा और दादरी क्षेत्र की इस समृद्ध और जीवंत सांस्कृतिक विरासत को अक्षुण्ण बनाए रखना, उसका संवर्धन करना और उसे भावी पीढ़ियों तक हस्तांतरित करना एक महत्वपूर्ण राष्ट्रीय कर्तव्य है। राष्ट्रीय स्वयंसेवक संघ अपनी स्थापना से ही भारत की सनातन संस्कृति, उसके गौरवशाली इतिहास, उसके नैतिक मूल्यों और उसकी राष्ट्रीय अस्मिता के संरक्षण और संवर्धन के प्रति कटिबद्ध रहा है। संघ की शाखाओं, विभिन्न उत्सवों, बौद्धिक कार्यक्रमों और सेवा कार्यों के माध्यम से स्वयंसेवकों और समाज में सांस्कृतिक गौरव का भाव जगाने, नैतिक और चारित्रिक निर्माण करने, सामाजिक समरसता स्थापित करने तथा स्वदेशी और स्वावलंबन को बढ़ावा देने का निरंतर प्रयास किया जाता है। ग्रेटर नोएडा जैसे तेजी से बदलते महानगरीय परिवेश में, जहाँ पाश्चात्य संस्कृति का प्रभाव बढ़ रहा है, संघ द्वारा किए जा रहे ये सांस्कृतिक प्रबोधन के कार्य और भी अधिक प्रासंगिक और महत्वपूर्ण हो जाते हैं।

इनके अतिरिक्त, आर्य समाज, विभिन्न मंदिर समितियाँ, स्थानीय लोक कला मंडलियाँ और कुछ समर्पित व्यक्ति भी अपने-अपने स्तर पर इस सांस्कृतिक यज्ञ में आहुति दे रहे हैं। यह आवश्यक है कि इन सभी प्रयासों को सरकारी और सामुदायिक स्तर पर और अधिक प्रोत्साहन और सहयोग मिले, ताकि यह क्षेत्र भौतिक विकास के साथ-साथ अपनी सांस्कृतिक पहचान और आध्यात्मिक चेतना को भी अक्षुण्ण रख सके।

निष्कर्षतः, ग्रेटर नोएडा और दादरी का क्षेत्र न केवल भौतिक विकास की दृष्टि से, बल्कि अपनी मानवीय विभूतियों और जीवंत सांस्कृतिक विरासत की दृष्टि से

भी अत्यंत समृद्ध है। यह विरासत केवल अतीत का अवशेष नहीं, बल्कि भविष्य के निर्माण की प्रेरणा भी है। यह हम सभी का सामूहिक दायित्व है कि हम इस अनमोल धरोहर को सहेजकर रखें, इसे और अधिक पल्लवित करें, और इसे आने वाली पीढ़ियों के लिए एक गौरवपूर्ण उत्तराधिकार के रूप में सौंपें। एक सशक्त, स्वाभिमानी और सांस्कृतिक रूप से जीवंत राष्ट्र ही विश्व में अपना यथोचित स्थान प्राप्त कर सकता है, और इसी दिशा में यह क्षेत्र अपना योगदान दे रहा है।

उपसंहारः अतीत का गौरव, वर्तमान का दायित्व, भविष्य का संकल्प

ग्रेटर नोएडा और दादरी की यह ऐतिहासिक वीरभूमि, जिसकी गौरवशाली यात्रा का हमने इस पुस्तक के माध्यम से सिंहावलोकन करने का प्रयास किया है, केवल एक भौगोलिक इकाई मात्र नहीं, अपितु यह भारत की सनातन आत्मा, उसके अदम्य संघर्ष, उसकी जीवंत संस्कृति और उसके उज्ज्वल भविष्य की आकांक्षाओं का एक देदीप्यमान प्रतीक है। पौराणिक काल की धूमिल स्मृतियों से लेकर, महाभारतकालीन संदर्भों, राजपूतों के शौर्यपूर्ण प्रतिरोध, दिल्ली सल्तनत और मुगलिया सल्तनत के उत्थान-पतन, 1857 के स्वातंत्र्य महासमर की ज्वाला, ब्रिटिश पराधीनता के अंधकारमय युग, राष्ट्रीय नवजागरण की मशाल, स्वतंत्रता संग्राम की विभिन्न धाराओं और अंततः स्वतंत्र भारत में एक आधुनिक, विश्वस्तरीय नगर के रूप में ग्रेटर नोएडा के उदय तक की यह यात्रा, वास्तव में भारतवर्ष के ही वृहद् इतिहास का एक सूक्ष्म किन्तु अत्यंत महत्वपूर्ण प्रतिबिंब है।

इस पुस्तक के पन्नों में हमने देखा कि किस प्रकार यह क्षेत्र सदैव से ही भारत की मुख्य सांस्कृतिक और राजनीतिक धारा से जुड़ा रहा। हमने उन वीर पूर्वजों के चरणों की धूल को मस्तक पर धारण करने का प्रयास किया, जिन्होंने विदेशी आक्रांताओं के सम्मुख कभी घुटने नहीं टेके और अपनी मातृभूमि तथा धर्म की रक्षा के लिए अपना सर्वस्व न्योछावर कर दिया। विशेष रूप से, 1857 के महासमर में राव उमराव सिंह भाटी जैसे नर-शार्दूलों और उनके असंख्य गुमनाम साथियों का बलिदान हमें यह स्मरण दिलाता है कि स्वतंत्रता की कीमत क्या होती है और राष्ट्र का स्वाभिमान किस प्रकार व्यक्तिगत सुखों से कहीं अधिक मूल्यवान होता है। उनका शौर्य, उनकी संगठन क्षमता और उनका आत्मोत्सर्ग आज भी हमारे लिए प्रेरणा का एक अक्षुण्ण स्रोत है।

हमने यह भी देखा कि किस प्रकार ब्रिटिश औपनिवेशिक शासन ने भारत को राजनीतिक रूप से पराधीन करने के साथ-साथ, उसकी आर्थिक आत्मनिर्भरता को नष्ट करने और उसकी सांस्कृतिक जड़ों को दुर्बल करने का भी सुनियोजित षड्यंत्र रचा। किन्तु, भारत की आत्मा अजय है। इसी पराधीनता के अंधकार में से राष्ट्रीय नवजागरण का सूर्य उदय हुआ। आर्य समाज जैसे सुधारवादी आंदोलनों ने हिन्दू समाज में व्याप्त कुरीतियों पर प्रहार कर उसे आत्मविश्वासी बनाया, तो वहीं परम पूजनीय डॉ. केशव बलिराम हेडगेवार जी द्वारा स्थापित राष्ट्रीय स्वयंसेवक संघ ने हिन्दू समाज को संगठित, अनुशासित और राष्ट्र सेवा के लिए समर्पित करने

का एक ऐसा अद्वितीय कार्य आरंभ किया, जिसका प्रभाव आज सम्पूर्ण भारत में और विश्व में भी अनुभव किया जा रहा है। संघ ने व्यक्ति निर्माण के माध्यम से राष्ट्र पुनर्निर्माण का जो मार्ग दिखाया, वह आज भी उतना ही प्रासंगिक है। उसने यह सिखाया कि सच्चा राष्ट्रवाद केवल राजनीतिक स्वतंत्रता तक सीमित नहीं, बल्कि वह अपनी संस्कृति, अपनी परंपराओं, अपने जीवन मूल्यों और अपनी राष्ट्रीय अस्मिता के प्रति गहरे गौरव और अटूट निष्ठा में निहित है।

स्वतंत्रता प्राप्ति के उपरांत, दादरी क्षेत्र का ग्रेटर नोएडा के रूप में जो कायाकल्प हुआ, वह नवभारत के नवनिर्माण के संकल्प और उसकी असीम संभावनाओं का एक ज्वलंत उदाहरण है। यह विकास यात्रा चुनौतियों से रहित नहीं रही – भूमि अधिग्रहण की पीड़ा, विस्थापन का दर्द और आधुनिकता तथा परंपरा के बीच संतुलन स्थापित करने की सतत चुनौती। किन्तु, इन सबके बावजूद, ग्रेटर नोएडा आज भारत के सबसे आधुनिक, सुनियोजित और गतिशील शहरों में से एक है, जो राष्ट्रीय अर्थव्यवस्था और प्रगति में अपना महत्वपूर्ण योगदान दे रहा है।

परन्तु, हमें यह सदैव स्मरण रखना होगा कि भौतिक विकास ही किसी राष्ट्र की उन्नति का एकमात्र मापदंड नहीं हो सकता। वास्तविक उन्नति तब है, जब भौतिक समृद्धि के साथ-साथ हमारा चारित्रिक, नैतिक, सांस्कृतिक और आध्यात्मिक उत्थान भी हो। ग्रेटर नोएडा और दादरी क्षेत्र की जीवंत लोक संस्कृति, उसके प्राचीन मंदिर और मठ, उसकी लोक परंपराएँ और उसके निवासियों की आस्था – यह सब हमारी वह अमूल्य धरोहर है, जिसे हमें न केवल सहेजकर रखना है, बल्कि उसे और अधिक पल्लवित भी करना है। यह हमारा दायित्व है कि हम अपनी युवा पीढ़ी को अपनी जड़ों से जोड़ें, उन्हें अपने गौरवशाली इतिहास और अपनी महान संस्कृति से परिचित कराएँ, ताकि वे भविष्य के किसी भी वैचारिक या सांस्कृतिक आक्रमण का सफलतापूर्वक सामना कर सकें और एक स्वाभिमानी तथा सुसंस्कृत नागरिक बन सकें।

आज जब भारत पुनः एक विश्वशक्ति के रूप में उभर रहा है, और 'एक भारत, श्रेष्ठ भारत' तथा 'आत्मनिर्भर भारत' का स्वप्न साकार हो रहा है, तब ग्रेटर नोएडा और दादरी जैसे क्षेत्रों की भूमिका और भी अधिक महत्वपूर्ण हो जाती है। यह क्षेत्र, जो अतीत में शौर्य और बलिदान का साक्षी रहा है, और वर्तमान में विकास और प्रगति का प्रतीक है, भविष्य में भी राष्ट्र-निर्माण के इस महायज्ञ में अपनी अग्रणी भूमिका निभाता रहेगा, इसमें कोई संदेह नहीं।

आवश्यकता है कि हम अपने अतीत के गौरव से प्रेरणा लें, वर्तमान के अपने दायित्वों का निष्ठापूर्वक निर्वहन करें, और भविष्य के लिए एक ऐसा संकल्प लें

जो हमारे राष्ट्र को पुनः विश्वगुरु के पद पर आसीन कर सके। राव उमराव सिंह भाटी का बलिदान, संघ के स्वयंसेवकों का निःस्वार्थ सेवा भाव, और इस क्षेत्र के प्रत्येक देशभक्त नागरिक का मौन योगदान – यह सब हमें इसी दिशा में अग्रसर होने की प्रेरणा देता है।

यह पुस्तक उस विराट ऐतिहासिक और सांस्कृतिक यज्ञ में एक छोटी सी समिधा मात्र है। यदि यह पाठकों के मन में अपने क्षेत्र, अपने राष्ट्र और अपनी संस्कृति के प्रति किंचित भी गौरव और कर्तव्य-बोध जागृत कर सके, तो लेखक अपने इस प्रयास को सार्थक समझेगा।

॥ भारत माता की जय ॥ ॥ वन्दे मातरम् ॥

परिशिष्ट

महत्वपूर्ण तारीखें - एक कालक्रम

यह कालक्रम दादरी-ग्रेटर नोएडा क्षेत्र और भारतीय इतिहास की कुछ महत्वपूर्ण घटनाओं को दर्शाता है, जिनका पुस्तक में संदर्भ आया है।

लगभग 2500 ई.पू. - 1700 ई.पू.: हड़प्पा सभ्यता का काल (जिसके परवर्ती चरण के साक्ष्य क्षेत्र के निकट मिलने की संभावना)।

लगभग 1500 ई.पू. - 600 ई.पू.: वैदिक काल (उतर वैदिक काल में कुरु-शूरसेन महाजनपदों का प्रभाव)।

लगभग 600 ई.पू.: महाजनपदों का उदय।

लगभग 322 ई.पू. - 185 ई.पू.: मौर्य साम्राज्य।

लगभग 78 ई. - तीसरी शताब्दी ई.: कुषाण साम्राज्य (मथुरा का प्रभाव)।

लगभग चौथी - छठी शताब्दी ई.: गुप्त साम्राज्य (भारतीय इतिहास का स्वर्ण युग)।

8वीं शताब्दी ई.: दिल्ली में तोमर वंश की स्थापना (अनंगपाल तोमर)।

1191 ई.: तराइन का प्रथम युद्ध (पृथ्वीराज चौहान की विजय)।

1192 ई.: तराइन का द्वितीय युद्ध (पृथ्वीराज चौहान की पराजय, मुहम्मद गोरी की विजय)।

1206 ई.: दिल्ली सल्तनत की स्थापना (कुतुबुद्दीन ऐबक)।

1398 ई.: तैमूर का भारत पर आक्रमण और दिल्ली तथा आसपास के क्षेत्रों में विनाश।

1526 ई.: पानीपत का प्रथम युद्ध (बाबर की विजय, मुगल साम्राज्य की नींव)।

1540 ई. - 1545 ई.: शेरशाह सूरी का शासन।

1556 ई. - 1605 ई.: अकबर का शासनकाल (दादरी एक 'परगना')।

1707 ई.: औरंगजेब की मृत्यु (मुगल साम्राज्य का पतन आरंभ)।

10 मई, 1857: मेरठ में क्रांति का आरंभ।

11 मई, 1857: क्रांतिकारियों का दिल्ली पर अधिकार, बहादुर शाह जफर को सम्राट घोषित करना।

मई-दिसंबर 1857: दादरी क्षेत्र में राव उमराव सिंह भाटी के नेतृत्व में क्रांति और उनका बलिदान।

1858: भारत में ईस्ट इंडिया कंपनी के शासन का अंत, ब्रिटिश ताज का प्रत्यक्ष शासन आरंभ।

1875: आर्य समाज की स्थापना (स्वामी दयानंद सरस्वती द्वारा)।

1885: भारतीय राष्ट्रीय कांग्रेस की स्थापना।

1905: बंगाल का विभाजन और स्वदेशी आंदोलन।

1920-1922: असहयोग आंदोलन।

1925: राष्ट्रीय स्वयंसेवक संघ की स्थापना (डॉ. केशव बलिराम हेडगेवार द्वारा)।

1930-1934: सविनय अवज्ञा आंदोलन (नमक सत्याग्रह)।

1942: भारत छोड़ो आंदोलन।

15 अगस्त, 1947: भारत को स्वतंत्रता प्राप्ति।

1976: उत्तर प्रदेश औद्योगिक क्षेत्र विकास अधिनियम पारित।

28 जनवरी, 1991: ग्रेटर नोएडा औद्योगिक विकास प्राधिकरण (GNIDA) का गठन।

संदर्भ ग्रंथ सूची

सामान्य भारतीय इतिहास एवं संस्कृति:

मजूमदार, आर. सी.; रायचौधरी, एच. सी.; दत्त, कालिकिंकर. भारत का बृहत् इतिहास (An Advanced History of India). (विभिन्न खंड)।

त्रिपाठी, रामशरण. प्राचीन भारत का इतिहास।

सरकार, यदुनाथ. मुगल साम्राज्य का पतन (Fall of the Mughal Empire). (विभिन्न खंड)।

चंद्रा, विपिन. आधुनिक भारत का इतिहास।

अल्तेकर, ए. एस. प्राचीन भारतीय शासन पद्धति।

पाण्डेय, राजबली. हिन्दू धर्मकोश।

वाल्मीकि. रामायण (मूल संस्कृत एवं हिंदी अनुवाद)।

वेदव्यास. महाभारत (मूल संस्कृत एवं हिंदी अनुवाद)।

1857 का स्वातंत्र्य समर:

सावरकर, विनायक दामोदर. 1857 का स्वातंत्र्य समर (The Indian War of Independence 1857)।

जोशी, पी. सी. (सं.). 1857: विद्रोह और उसके बाद (1857: Rebellion and its Aftermath)।

सेन, एस. एन. एट्टीन फिफ्टी-सेवन (Eighteen Fifty-Seven)।

रिजवी, एस. ए. ए. (सं.). फ्रीडम स्ट्रगल इन उत्तर प्रदेश (Freedom Struggle in Uttar Pradesh). (विशेषकर मेरठ एवं बुलंदशहर से संबंधित खंड).

वर्मा, शिवकुमार. 1857 के लोकगीत और लोकगाथाएँ.

क्षेत्रीय एवं स्थानीय इतिहास (कुछ प्रतिनिधि शीर्षक):

नेविल, एच.आर. (H.R. Nevill). Bulandshahr: A Gazetteer, Being Volume V of the District Gazetteers of the United Provinces of Agra and Oudh (1903 and later editions).

उत्तर प्रदेश में स्वतंत्रता संग्राम (उत्तर प्रदेश सरकार द्वारा प्रकाशित विभिन्न खंड)।

राष्ट्रीय स्वयंसेवक संघ एवं राष्ट्रवादी विचार:

हेडगेवार, केशव बलिराम. डॉ. हेडगेवार: समग्र वाङ्मय.

गोलवलकर, माधव सदाशिव (श्री गुरुजी). विचार नवनीत (Bunch of Thoughts) एवं हम या हमारी राष्ट्रीयता की परिभाषा.

ठेंगड़ी, दत्तोपंत. राष्ट्र. (राष्ट्र की संकल्पना पर)

जर्नल्स, शोध-पत्र एवं पत्रिकाएँ (Journals, Research Papers & Periodicals)

Indian Historical Review

Proceedings of the Indian History Congress

स्थानीय महाविद्यालयों या विश्वविद्यालयों द्वारा प्रकाशित शोध पत्र।

पाञ्चजन्य एवं ऑर्गनाइज़र (समकालीन राष्ट्रीय विषयों पर संघ दृष्टि को समझने हेतु, ऐतिहासिक घटनाओं के विश्लेषण के लिए नहीं)।

वेबसाइट एवं ऑनलाइन संसाधन (Websites & Online Resources)

National Archives of India (राष्ट्रीय अभिलेखागार, भारत): http://www.nationalarchives.nic.in/

Uttar Pradesh State Archives (उत्तर प्रदेश राज्य अभिलेखागार): https://archives.up.nic.in/

Archaeological Survey of India (भारतीय पुरातत्व सर्वेक्षण): https://asi.nic.in/

IGNCA (इंदिरा गांधी राष्ट्रीय कला केंद्र): http://ignca.gov.in/ (सांस्कृतिक धरोहर एवं कलाओं के लिए)

District Gautam Budh Nagar Official Website (जिला गौतम बुद्ध नगर आधिकारिक वेबसाइट): https://gautambuddhanagar.nic.in/ (स्थानीय जानकारी एवं योजनाओं के लिए)

Greater Noida Industrial Development Authority (GNIDA): https://www.greaternoidaauthority.in/ (ग्रेटर नोएडा के विकास से संबंधित जानकारी)

Internet Archive (archive.org) एवं Project Gutenberg (gutenberg.org): पुरानी और दुर्लभ पुस्तकों तथा गजेटियर्स के डिजिटल संस्करणों के लिए।

Shodhganga (शोधगंगा): भारतीय विश्वविद्यालयों के शोध-प्रबंधों (Theses) का भंडार, स्थानीय इतिहास पर हुए शोध कार्यों के लिए।

www.ingramcontent.com/pod-product-compliance
Lightning Source LLC
Chambersburg PA
CBHW020454160726
47991CB00007B/2647